Suchet der Stadt Bestes!

Herrn Landesbischof Prof. Dr. Friedrich Weber †,
Wolfenbüttel, gewidmet.

Suchet der Stadt Bestes!

Leipziger Universitätspredigten

Herausgegeben von Peter Zimmerling

EVANGELISCHE VERLAGSANSTALT
Leipzig

Bibliographische Information der Deutschen Nationalbibliothek
Die Deutsche Nationalbibliothek verzeichnet diese Publikation in der Deutschen Nationalbibliographie; detaillierte bibliographische Daten sind im Internet über http://dnb.dnb.de abrufbar.

© 2015 by Evangelische Verlagsanstalt GmbH · Leipzig
Printed in Germany · H 7930

Gesamtgestaltung: behnelux gestaltung, Halle/Saale
Coverfotos: Links: Universitätskirche St. Pauli Leipzig (Christian Jonas); rechts: Stadt- und Pfarrkirche St. Nikolai Leipzig (Peter Franke / PUNCTUM Leipzig)
Druck und Binden: Druckhaus Köthen GmbH & Co. KG

ISBN 978-3-374-04120-6
www.eva-leipzig.de

Vorwort

Von April bis Juni 2014 fand im Rahmen des Leipziger Universitätsgottesdienstes eine Predigtreihe zum Öffentlichkeitsauftrag von Theologie und Kirche statt. Bischöfinnen und Bischöfe aus insgesamt acht evangelischen Landeskirchen predigten jeweils am Sonntag um 11.15 Uhr in der St. Nikolaikirche. Die Liturgie wurde von Mitgliedern des Predigerkonvents der Universitätsgemeinde gehalten. Dass die Bischöfe eigens in die Messestadt gekommen sind, ist ein Zeichen der Unterstützung des Leipziger Universitätsgottesdienstes durch den deutschen Protestantismus!

Universitätsgottesdienste gibt es an der Universität Leipzig seit ihrer Gründung 1409. Ein Universitätsprediger ist seit 1419 belegt. Nach der Überlieferung weihte Martin Luther 1545 die ehemalige Klosterkirche der Dominikaner zur Universitätskirche St. Pauli; seitdem gibt es regelmäßige Universitätsgottesdienste für alle Sonn- und Feiertage des Kirchenjahres seit 1710. Auch nach der barbarischen Sprengung der im Zweiten Weltkrieg unzerstört gebliebenen Universitätskirche am 30. Mai 1968 wurden die Universitätsgottesdienste kontinuierlich als »akademische Gottesdienste« in der St. Nikolaikirche fortgesetzt. Das SED-Regime bezahlte die Miete, den Universitätsorganisten und die studentischen Universitätsküster.

Die Predigtreihe stellt einen wichtigen Meilenstein auf dem Weg zur Indienstnahme der neuen Universitätskirche St. Pauli dar, die hoffentlich spätestens im Jahr 2016 stattfinden kann. Nach der Sprengung der alten Universitätskirche hätte sich niemand vorstellen können, dass sich einmal an ihrer Stelle eine neue Kirche erheben würde. Im Zentrum von Leipzig am Augustusplatz gelegen, wird die Universitätskirche als Aula und Kirchenraum eine wichtige Funktion in Universität und städtischer Öffentlichkeit erfüllen.

Im Ausschreibungstext für den Neubau heißt es, dass dieser »das geistig-geistliche Zentrum« der Universität werden soll. Von daher lag das Thema der Predigtreihe nahe: Es ging um den Öffentlichkeitsauftrag von Theologie und Kirche in der spätmodernen Gesellschaft und speziell an einer weltanschaulich neutralen Universität. Aktuelle philosophische Überlegungen etwa von Jürgen Habermas fordern Theologie und Kirche heraus, die eigenen religiösen Überzeugungen in für alle verständliche säkulare Sprache zu übersetzen. Gleichzeitig trägt Habermas den säkularen Mehrheiten der Gesellschaft auf, sich in religiöser Hinsicht als hör- und lernfähig zu erweisen. Die Predigtreihe wollte einen Mosaikstein im Rahmen dieser großen zweiseitigen Aufgabe beitragen.

Christen bejahen den weltanschaulich neutralen Staat, der die Religionsfreiheit gewährleistet. Ohne Freiheit vom Glauben keine Freiheit zum Glauben! Auch die andere Voraussetzung wird in der Bundesrepublik Deutschland zugesichert: Jeder Mensch muss freien Zugang zur religiösen Bildung haben. Unser freiheitlich-demokratischer Staat hat dazu eine Reihe von Möglichkeiten unter seinen Schutz gestellt: die Theologischen Fakultäten an den Universitäten, den Religionsunterricht an den Schulen und die kirchlichen Sendungen im öffentlich-rechtlichen Rundfunk und Fernsehen, um nur drei Beispiele zu nennen. Darum ist im Staatskirchenvertrag zwischen dem Freistaat Sachsen und der Evangelisch-Lutherischen Landeskirche auch ausdrücklich das Amt des Leipziger Universitätspredigers garantiert. Kein Mensch darf zum Glauben gezwungen werden – aber jeder muss das Evangelium vom Kommen Gottes in die

Welt hören können: Beide Voraussetzungen des Glaubens gehören untrennbar zusammen und werden vom Grundgesetz der Bundesrepublik Deutschland geschützt.

Der sächsische Landesbischof Jochen Bohl eröffnete die Predigtreihe mit der Predigt »Nicht sehen und doch glauben« über Joh 20,29. Im Zentrum seiner Überlegungen stand die Frage nach den Chancen, aber auch den Grenzen des menschlichen Verstands. »Friedenstüchtig« – mit ihrer Predigt über Hebr 13,20–21 setzte Landesbischöfin Ilse Junkermann aus Magdeburg die Reihe fort. Die Voraussetzung dafür, dass Frieden werden kann, liegt für sie in der Fähigkeit, »es gut sein zu lassen«. Der Berliner Bischof Dr. Dr. h.c. Markus Dröge trat in seiner Predigt »Glaube – offen für alle« über Apg 17,22–34 für eine kirchliche »Transparenzoffensive« ein. Wenn der Glaube wirklich offen für alle sein will, bedarf es einer konstruktiven dialogischen Apologetik des christlichen Glaubens. Unter dem Titel: »Suchet der Stadt Bestes« predigte der inzwischen verstorbene Landesbischof Prof. Dr. Friedrich Weber aus Wolfenbüttel über Jer 29,7. Kirchen sind für ihn öffentliche Orte, Orte des Gebets für die Stadt und Orte, an denen die Hoffnung auf die zukünftige ewige Stadt genährt wird. Die Predigt stellt ein Vermächtnis Bischof Webers an uns dar. Daher trägt der Predigtband den gleichen Titel wie Webers Predigt. »Ein doppelter Regierungsantritt« ist das Motto meiner eigenen Predigt über Eph 1,20–23 am Himmelfahrtstag. Jesus regiert seit seiner Himmelfahrt sowohl über alle Welt als auch über die Kirche, was paradoxerweise einen Raum der Freiheit voraussetzt. »Unaussprechliches Seufzen – endlich einmal!« – In seiner seelsorgerlich geprägten Predigt über Röm 8,26–30 betont Bischof Dr. Hans-Jürgen Abromeit aus Greifswald: Was mit Seufzen beginnt, endet in der Herrlichkeit. Abromeit zeigt, dass Christen auf dem

Weg dahin auch im gesellschaftlichen Leben bereits heute die Kraft der Veränderung von Gottes Geist spüren. »Vom öffentlichen Wirken der Kirche« war das Motto der Pfingstpredigt des inzwischen zurückgetretenen Ratsvorsitzenden der EKD Dr. h. c. Nikolaus Schneider aus Hannover über Röm 8,1–2.10–11. Der Geist Gottes, so Schneider, ist das Grunddatum für das öffentliche Wirken von Christen und Kirche. Menschen, die ihr Leben an Jesus Christus binden, werden frei von Höllenfurcht und lähmender Todesangst. Menschen, in denen der Geist Gottes wohnt, sind befreit zur Nächstenliebe und zur Weltverantwortung. »Der Welt Hoffnung predigen« lautete die Überschrift der Predigt von Kirchenpräsident Dr. Volker Jung aus Darmstadt über Apostelgeschichte 2, 22–23.32–33.36.39 an Pfingstmontag. Wenn die Kirche öffentlich redet, hat sie, so seine Überzeugung, die großen Taten Gottes zu bezeugen, hat sie das Leben im Licht der Liebe Gottes zu betrachten, hat sie zu reden von der Hoffnung, dass Gottes Geist Menschen bewegt und verändert. Die letzte Predigt der Predigtreihe hielt Kirchenpräsident Joachim Liebig aus Dessau: »Einigkeit im Protestantismus – ein Widerspruch in sich?« (2 Kor 13, 11–12). Der gemeinschaftlich gefundene Konsens ist, so der Kirchenpräsident, der Beitrag des Protestantismus zum Weltkulturerbe. Auch in einer weithin profanen Umgebung darf die Kirche deshalb nicht schweigen!

Als Herausgeber habe ich für vielfältige Hilfe zu danken: den Heimatkirchen der Predigerinnen und Prediger (Evangelische Kirche in Deutschland, Evangelische Kirche Berlin-Brandenburg-schlesische Oberlausitz, Evangelische Kirche in Hessen und Nassau, Evangelische Kirche in Mitteldeutschland, Evangelische Landeskirche Anhalts, Evangelisch-lutherische Kirche in Norddeutschland, Evangelisch-lutherische Landeskirche in Braunschweig, Evangelisch-Lutherische Landeskirche Sachsens) für erfreuliche Druckkostenzuschüsse. Meinem Doktoranden Herrn Johannes Schütt, Leipzig, für die Erstellung des Manuskripts, Frau Margitta Berndt, Herrnhut, für das Korrekturlesen und last but not least Frau Dr. Annette Weidhas für die Aufnahme des Predigtbandes in das Programm der Evangelischen Verlagsanstalt Leipzig.

Peter Zimmerling, Erster Universitätsprediger

Leipzig, im Februar 2015

Inhalt

»Nicht sehen und doch glauben«

Quasimodogeniti, 27. April 2014

Landesbischof Jochen Bohl, Dresden

Liturg: Prof. Dr. Peter Zimmerling
Musik: Leipziger Cantorey unter der Leitung von Gotthold Schwarz

Und nach acht Tagen waren seine Jünger abermals drinnen versammelt und Thomas war bei ihnen. Kommt Jesus, als die Türen verschlossen waren, und tritt mitten unter sie und spricht: Friede sei mit euch!
Danach spricht er zu Thomas: Reiche deinen Finger her und sieh meine Hände, und reiche deine Hand her und lege sie in meine Seite, und sei nicht ungläubig, sondern gläubig!
Thomas antwortete und sprach zu ihm: Mein Herr und mein Gott!
Spricht Jesus zu ihm: Weil du mich gesehen hast, Thomas, darum glaubst du. *Selig sind, die nicht sehen und doch glauben!*

(Joh 20, 26–29)

Liebe Gemeinde,
das ist ein großes Wort, nicht sehen und doch glauben. Ich meine inzwischen etwas davon zu wissen, was Wachstum im Glauben bedeutet; und doch kann ich mir nicht sicher sein, ob es mehr als eine Ahnung ist, die ich von dieser Verheißung verstanden habe. Es liegt so viel darin, von den Grenzen der Erkenntnis, vom Gewicht dieser Welt, vom Geheimnis des Glaubens, es ist ein großes Wort.

1. Von den Grenzen der Erkenntnis

Manche meinen gar, es sei zu groß für die Menschen, wie sie nun einmal sind, und das sei der Grund, warum ihm eine Nachtseite zugewachsen ist: »Ich glaube nur, was ich sehe«. Der Volksmund bestreitet mit Entschiedenheit das Wort des Auferstandenen, und dies im unerschütterlichen Bewusstsein, die Evidenz auf seiner Seite zu haben, gar nicht weiter nachdenken zu müssen. Mag sein, dass andere anderes denken. Ich glaube nur, was ich sehe. Wer so redet, sieht sich selbst im Einklang mit der vorfindlichen Realität, verweigert sich dem Gedanken, der sie befragt; hält sich an den Augenschein, und was darüber hinausgeht – es sei wie es sei.

Von dieser Haltung klingt etwas an in der Person des Thomas. Und vielleicht ist das Wort vom ungläubigen Thomas ja deswegen weit verbreitet, weil er geradezu idealtypisch für den vernünftigen Zweifel steht, der so Vieles und Plausibles für sich hat. Wer wollte denn mit Thomas rechten? Als die anderen berichteten, dass sie dem Gekreuzigten am dritten Tage begegnet waren, konnte er wohl nicht anders, als zu meinen, sie seien einer Sinnestäuschung aufgesessen. Er hatte mit ihnen den Schock erlitten, den das gewaltsame Ende Jesu am Kreuz ausgelöst hatte; und noch nicht vergessen, wie sie gemeinsam, auch er selbst, in Verzweiflung und Ratlosigkeit gestürzt waren. Ob er dachte, sie werden gesehen haben, was sie zu sehen hofften, ein früher Vorläufer Ludwig Feuerbachs? Thomas kann ihren Erzählungen nicht glauben.

2. Vom Gewicht dieser Welt

Jesus versteht ihn und seinen Zweifel, und da sie sich nun gegenüberstehen, erkennt er an, dass man den kritischen Gedanken nicht aus der Welt schaffen kann, es liegt in ihm doch ein Recht. Jesus ermöglicht Thomas einen weiteren Sinneseindruck, lässt ihn tasten, fühlen; der Auferstandene überwältigt den Zweifelnden, führt die Hand des Thomas an seine Seite, weil er um das spezifische Gewicht der Welt weiß, und dass es nach seinem Recht verlangt. Er weist den Zweifler nicht ab, nicht seine nüchterne Vernunft, es ist eine Geste des Verstehens und der Barmherzigkeit. Und so erkennt Thomas Jesus, wie er erkannt werden will: Der Auferstandene ist der Gekreuzigte, kein anderer. Der weiß, wie es um die Welt bestellt ist und was in ihr geschieht, welches Gewicht sie hat. Niemand wüsste es besser als er, der die Wunde an seiner Seite trägt.

Ja, ein nüchterner und wacher Verstand wie der des Thomas wird gebraucht für die alltägliche Aufgabe, das Leben und seine Herausforderungen zu bestehen, das ist offenkundig. Wie sonst sollte es möglich sein, in all dem Verwirrenden, was einem Menschen begegnet, bestehen und das Notwendige tun zu können? Wie sonst hätte die Entwicklung der Wissenschaften möglich werden können, der wir heute die staunenswerte Verlängerung der Lebenserwartung danken? Wie sonst die Errungenschaften der Medizin, der wir uns in Zeiten der Schwäche anvertrauen? Wer sich in die Klinik begibt, um einen Krankheitsherd mit einem bildgebenden Verfahren untersuchen zu lassen, wird den wissenschaftlichen Fortschritt der letzten Jahre zu würdigen wissen, für das kompetente Handeln und die fachliche Erfahrung der Ärzte dankbar sein, sich ihrem Handeln anvertrauen und seine Zweifel am Medizinbetrieb zurückstellen. Der Verstand ist eine Gottesgabe, und sie ist uns gegeben, damit wir uns ihrer mutig bedienen. Um es mit Kant zu sagen: »Sapere aude«. Für die Suche der Menschen nach Erkenntnis soll es keine willkürlich gesetzten Schranken geben, die uns hindern würden, die Rätsel der Welt zu ergründen, in die wir gestellt sind. In der Bibel werden wir ausdrücklich aufgefordert, die Welt zu verstehen, ihre Geheimnisse zu erforschen, sie zu »bebauen und zu bewahren«. Der Gedanke, dass Gott es uns verwehren würde, dem Reichtum seiner Schöpfung nachzugehen, ist dem Glauben der Christenheit fremd. Wenn die Kirche an diese Einsicht auch immer wieder erinnert werden musste, so sind der Aufschwung und die Freiheit aller Wissenschaft doch ein Kennzeichen der christlich-jüdischen Kultur des Abendlandes. Wir Christenmenschen dürfen wissen, was unserer Erkenntnis zugänglich ist. Und je mehr wir wissen, desto staunender stehen wir vor dem »blauen Planeten« in der endlosen Weite und lebensfeindlichen Kälte des Alls, bewundern die unübersehbar zahlreichen und überkomplexen Voraussetzungen, die erfüllt sein müssen, damit wir atmen und leben, suchen und finden können. Die Schöpfung ist ein Gottesgeschenk, wie auch der Verstand, der sie erforscht.

3. Vom Geheimnis des Glaubens

Mit dem Verständnis des Auferstandenen für den zweifelnden Thomas ist die Geschichte aber noch nicht zu Ende. Als der Auferstandene antwortet, wendet er sich gegen einen Blick, der ihn dort sucht, wo er einmal war, aber nicht mehr ist – in der Welt der kritischen Vernunft. Jetzt stellt Jesus sich gegen den Blick, mit dem wir Menschen uns die Welt erklären und unterwerfen, und formuliert die andere Sicht, die Verheißung des Glaubens: *Selig sind, die nicht sehen und doch glauben!*

Denn es wäre zu wenig, wenn uns das Sehen genug wäre; wenn wir meinten, der Verstand, der die Sinneseindrücke bewertet und einordnet, wäre das einzige, was zählt. Wenn wir uns damit begnügten, Hypothesen zu falsifizieren. Wenn wir nichts anderes täten, als dem wissenschaftlichen Prinzip von Versuch und Irrtum zu folgen, gingen wir in die Irre. Es wäre ein Verhängnis, würden wir uns einrichten in der Welt, sie sei wie sie sei, und die friedlosen Realitäten von Gewalt und Unrecht hinnehmen. Wenn wir uns nicht wechselseitig helfen würden, das Gewicht der Welt zu tragen, das die Menschen herabzieht und ihre Hoffnung zerbrechen lässt. Wenn wir nicht glauben, hoffen und lieben könnten.

In diesen Tagen gibt es eine eigentümliche, zeitgebundene Versuchung, und man kann sie genau bezeichnen: Sich den Blick gefangen nehmen zu lassen von dem, was vor Augen ist und es als »alternativlos« anzusehen. Das Unwort bringt die Haltung auf den Punkt, die nur eine Logik kennt – die des gefangenen Blicks. Sie kennt keine Alternative und duldet keine andere Sicht, längst hat die Mehrheit sich ihr ergeben. Führt sie in die Krise, so spricht sie sich auch noch den Weg dorthin richtig. Aber sie macht, dass wir uns in unseren Eindrücken verlieren. Sie lässt uns erblinden. Denn sie steht im Gegensatz zu dem anderen Blick, der absieht von all dem, das nur vor Augen ist, und stattdessen in die Richtung schaut, in der Gott in dieser Welt erkannt werden will: auf das Kreuz Christi.

Der gefangene Blick ist eine Versuchung, der man leicht und unversehens erlegen ist. Ein Segen, dass es eine Hilfe gibt, ihr zu widerstehen, eine Hilfe im Geist: *Selig sind, die nicht sehen und doch glauben!*

Es ist ein Segen, dass wir glauben dürfen, ein Geschenk des Heiligen Geistes. Der Glaube ist ein Geschenk, das größer ist als unsere Sinneseindrücke und höher als alle

Vernunft – mit deren Mitteln kann es nicht erklärt werden: Nicht, womit man es verdient hat, und nicht, wie es zustande gekommen ist. Wohl aber, wie es wirkt. Wer glaubt, hebt den Blick und erkennt Christus, der den Seinen entgegenkommt. Eine Alternative scheint auf, die Sichtweise Gottes, die wir im Blick auf den Gekreuzigten und Auferstandenen entdecken; es ist der Blick des liebenden Vaters auf diese verworrene Welt. Der Ausbruch aus der Logik des gefangenen Blicks beginnt, wenn wir nur glauben. Darüber verliert die Welt ihr niederdrückendes Gewicht, und es geschehen Wunder. Christus schenkt uns neue Zuversicht und befreit uns, auf Gott zu vertrauen. Er nimmt den Sorgen ihr Gewicht. Wir lassen uns nicht lähmen von Ängsten um die Zukunft. *Selig sind, die nicht sehen und doch glauben!*

Ja, wir heben unseren Blick und sehen auf Christus, den Anfänger und Vollender des Glaubens, das Licht der Welt. So geraten Alternativen in den Blick: nicht der ökonomischen Logik zu folgen, koste es, was es wolle, und sei es das gute Leben nach dem menschlichen Maß. Sondern dem Mitmenschen und der Gemeinschaft der Menschenkinder in Liebe zu dienen. Nicht zu meinen, die Atomwaffen müssten für alle Zeit bleiben, weil sie einmal in die Welt gesetzt wurden. Nicht in ideologischer Verblendung dem Wahn nachzuhängen, es gäbe den Vorrang einer Nation vor den anderen; nicht die eigene »Erde einsammeln«, und sei es mit Gewalt, wie man es in diesen Tagen in Russland hier und da hören kann. Sondern das Zusammenleben der Völker im Geist des Friedens zu gestalten. Nicht zu machen, was nur machbar ist, sondern die Herausforderungen der Zeit anzugehen mit einem Gewissen, das am Maßstab der Heiligen Schrift geschärft ist.

Der kritische Blick des Thomas wird überwunden, als er dem Sohn Gottes begegnet. Er glaubt und gebraucht die

Formel, mit der Kaiser Domitian sich anreden ließ: »Mein Herr und mein Gott!« Thomas gehört in die Gemeinschaft von Menschen, die Hoffnung schöpfen, auf ihre Nächsten mit Liebe sehen, die Barmherzigkeit leben, Vergebung empfangen und Versöhnung stiften. Ihr gehören auch wir an. Sie ist die Gemeinschaft der Heiligen. Zur Hoffnung sind wir berufen. Wir wollen den Herrn fröhlich bekennen »allem Volk« in Öffentlichkeit und Gesellschaft.

Amen.

»Friedenstüchtig«

Landesbischöfin Ilse Junkermann, Magdeburg

Liturg: Prof. Dr. Jens Herzer
Musik: Gotthold Schwarz und Musiker

Der Gott des Friedens aber, der den großen Hirten der Schafe, unsern Herrn Jesus, von den Toten heraufgeführt hat durch das Blut des ewigen Bundes, der mache euch tüchtig in allem Guten, zu tun seinen Willen, und schaffe in uns, was ihm gefällt, durch Jesus Christus, welchem sei Ehre von Ewigkeit zu Ewigkeit! Amen.

(Hebr 13, 20–21)

Liebe Universitätsgemeinde! Liebe Schwestern und Brüder!
»Der Gott des Friedens mache Euch tüchtig in allem Guten. Er mache Euch friedenstüchtig!«
   Das ist ein Segenswunsch. Er steht ganz am Ende des Hebräerbriefes. Wie eine Zusammenfassung hören wir ihn in einem einzigen langen Satz. Ein frommer Wunsch? Schön zu wünschen, aber wenig realistisch? So viel Streit gibt es und so viel Krieg! Wie kann da Friede werden?

1. Frieden kann werden

Wie wird bei Ihnen Friede, wenn Sie mit Ihrer Partnerin streiten? Wie wird bei Ihnen Friede, wenn Sie mit Ihrer Fakultät im Streit liegen? Oder mit der Universität?

Wie wird Friede? Durch Nachgeben? Muss ich nicht Stärke zeigen, mich behaupten, durchsetzen?

Was bedeutet es, wenn die Krawallmacher in der Ukraine ihre Geiseln freilassen? Geben Sie nach? Kehren sie um? Geben sie auf? Geben sie *sich* auf? Wie werden sie weiterkämpfen? So endlos wie die Kämpfer im Irak und in Afghanistan?

Wie steigt man aus, ohne das Gesicht zu verlieren?

Wie gut, wenn Menschen nachgeben! Und wie furchtbar, wenn ein Bürgerkrieg wie in Syrien bis zuletzt tobt – bis alles zerstört ist. Als Friede kann das Ergebnis nicht bezeichnet werden! Das ist dann nur das Ende vom Krieg, aber kein Friede. Zu viele Menschen sind tot. Zu viel ist zerstört. Schon lange nicht mehr war sie uns so nah – die Kriegsgefahr, die Kriegsangst. Wie wird Friede?

»*Verleih* uns Frieden gnädiglich ...«, wenn ich diese alte Friedensbitte singe, dann klingt es ganz neu, ganz eindringlich: Verleih! Schenke Frieden! Ja, auch Frieden ist ein Geschenk.

Denn Frieden, das ist nicht ein Normalzustand. Dass Friede wird, das hat etwas mit Gnade zu tun und mit glückenden Umständen. Wenn Menschen ihre Kampfgelüste zurückstellen und ihre Vernunft einsetzen; wenn Menschen besonnen werden und sich nicht hineinziehen lassen in die Spirale der Gewalt; wenn sie nicht mitmachen, wenn ein Streit sich hochschaukelt und jeder noch mehr in das Gewicht der eigenen Schale legt. Wenn Menschen sich vielmehr daran orientieren, dass es einen Ausgleich gibt – und nicht einer seine Interessen allein durchsetzt. So, dass die Waagschalen ausgeglichen sind. So kann Friede werden! Was für ein Glück, dass wir dies immer wieder erleben können: Es *kann* Friede werden. Es kann auch einmal wieder gut werden.

2. Wie kann Frieden werden?

Aber wie kommt es dazu? Da ist Gott am Werk, so sagt es der Segenswunsch des Hebräerbriefes. Denn er ist der Gott des Friedens. Der Gott des Schalom.

Die Bibel erzählt ganz wunderbar, wie Gott selbst von einem Zerstörer-Gott zu einem Gott des Friedens wird. Zunächst, so erzählt die Urgeschichte, war Gott ein friedlicher Gott. Alles war gut, wie er es geschaffen hat, ein paradiesischer Frieden. Aber die Menschen, sie konnten es nicht gut sein lassen. Sie wollten die Grenzen überschreiten. Da wurde Gott böse. Er zerstörte nicht sein Paradies. Aber er vertrieb die Menschen aus dem paradiesischen Frieden. Da lebten sie nun. Und fragten nicht nach dem Guten für alle, nach Gottes Willen. Das ginge auch jenseits von Eden. Sondern: »Alles Dichten und Trachten ihres Herzens war nur böse immerdar«, so heißt es.[1] Und da wurde auch Gott böse. Er ließ Regen ohne Ende kommen. Eine große Flut zerstörte alles. Nur einer wurde gerettet mit seiner Sippe und mit den Tieren. Da sah Gott sein Zerstörungswerk. Er war böse geworden. So will er nicht mehr sein. Ein Gott, der zerstört, das will er nicht sein. Er will ein Gott des Friedens sein. So spannt er den Regenbogen am Himmel aus. Das ist das Zeichen: Gott bindet sich an das Gute für die Erde. Gott setzt sich eine Grenze. Gott wird ein anderer. Gott wird ein Gott des Friedens – ohne jegliche Vorbedingungen von Seiten der Menschen. Er sieht weiter ganz realistisch auf die Menschen. So heißt es auch nach der Flut: »Des Menschen Herz ist böse von Jugend auf.«[2]

1 Gen 6,5. 2 Gen 8,21.

Aber er ist von nun ein Gott des Friedens, der Gott des Schalom. Er kann es gut sein lassen. Darum geht es.

Schalom: Im hebräischen Wort steckt das Geheimnis, wie Friede wird. Es heißt auch Wohlsein, Heilsein. Wenn alles gut ist. Wenn alles gerecht zugeht. Wenn alle Menschen »genug haben. Wenn sie vergnügt und zufrieden«[3] bei ihrem Feigenbaum und Wein sitzen. Sie können es gut sein lassen, weil ihnen »Genüge getan ist«.

»Es gut sein lassen«, das hat zwei Bedeutungen. Dem Gelehrten der Hebräischen Bibel, Jürgen Ebach, verdanke ich diese Beobachtung. »Gut sein lassen«, das kann zum einen ein Tolerativ sein, das *lassen* ist betont. Kein Indikativ und auch kein Imperativ. Vielmehr ein Tolerativ, »*lass* es doch gut sein«, ertrag es, dass ein Streit oder Konflikt nicht oder nicht ganz zu deinen Gunsten ausgeht. Lass es sein, hör auf zu streiten. Und zum anderen kann auf dem »gut« der Schwerpunkt liegen: »Es *gut* sein lassen« mit der Bedeutung: »Für das Gute anderes sein lassen«. Für das Gute, das man will, auch Gutes einsetzen. Kerzen und Gebete etwa, gegen Angst und Androhung von Gewalt.

Gott lässt sich sein als zerstörerischer Gott. Er gibt sich als solcher auf – um des Schalom willen. Sein Friedensbogen erscheint zwischen Himmel und Erde. Und er ist schon in sich ein Zeichen des Friedens zwischen Unterschiedlichen: So verschieden die Farben sind, so verschieden können die Menschen sein – und so nebeneinander und miteinander. Dieser Friedensbogen gilt der ganzen Erde und dem ganzen Himmel. Und auch der Totenwelt, die alles schlucken will wie ein schwarzes Loch.

---

3 Vgl. Jürgen Ebach: »Bist Du der eignen Rätsel müd?«, in: Ders.: Schriftstücke, Gütersloh 2011, 233 ff.

So, wie Gott sich als Gott der Zerstörung aufgibt, so setzt er den als großen Hirten ein, der sich nicht durchsetzt und behauptet; der sich vielmehr ganz dem Gott des Friedens anvertraut. Er geht unter in einem schändlichen Tod. Ihn führt Gott herauf in die Freiheit, in ein Leben im Schalom.

Es braucht keine Opfer und Blutzölle mehr für ein gutes Leben, so die gute Nachricht dieser Geschichte vom großen Hirten Jesus. »Ihr könnt immer wieder heraus aus Zerstörung und Streit und umkehren zum Leben«, so die Botschaft des großen Hirten Jesus. Und: »Ihr könnt Euch dazu bereit machen lassen, friedenstüchtig, schalomtüchtig werden.«

3. Grenzen setzen um des Guten willen

Was bedeutet das für eine Forschung? Sich wie dieser Gott des Schalom selbst Grenzen setzen, um des Guten willen? Nicht eben die Kehrseiten hinnehmen, und seien sie noch so zerstörerisch? Vielmehr: Es gut sein *lassen*. Es *gut* sein lassen.

Über solche Grenzen um des Guten willen braucht es den Diskurs. Es braucht ihn mitten in der Welt und mitten im weltlichen Raum. Mitten in der Universität. Es geht alle an. Es ist keine religiöse Privatfrage. Es geht ums Ganze. Es geht um das Gute. Es geht um das Leben. Es geht um das gute Leben.

Und in diesem Diskurs der Fakultäten braucht es Übung. Es ist nötig, sich zum Guten ertüchtigen zu lassen. Ja, es ist wie ein Sport. Es braucht Training und Übung. Es braucht Hörsäle und Übungsplätze für diesen Schalom. Räume, die für alle zugänglich sind, damit alle hören und vernehmen: Es *kann* Friede werden. Es *kann* alles gut sein. Gut, wenn das neue Paulinum ein solcher Ort für alle wird. Öffentlich und zugänglich für alle. Und offen für den Diskurs, wie wir es gut sein lassen können – um des Guten willen.

Die Geschichten von diesem Gott helfen dabei. Deshalb sollen sie aller Welt erzählt werden:

Wie er sich aufgibt mit seinem Zorn;

wie er es gut macht;

wie er es gut sein lässt;

wie er ganz daran festhält, an seiner Welt und seinem Friedensbogen, an seinem Reich des Friedens und der Gerechtigkeit.

Gut, wenn das neue Paulinum der ganzen Universität dazu dienen kann.

So »mache er Euch tüchtig, der Gott des Friedens, in allem Guten, zu tun seinen Willen – und schaffe in uns, was ihm gefällt, durch Jesus Christus, welchem sei Ehre von Ewigkeit zu Ewigkeit!«

Amen.

»Glaube – offen für alle«

Jubilate, 11. Mai 2014

Bischof Dr. Dr. h.c. Markus Dröge, Berlin

Liturg: Prof. Dr. Wolfgang Ratzmann
Musik: Anne Kathryn Olsen, Sopran

(Apg 17, 22–34)

»Kreuzberg verbietet Weihnachten.« So titelte das Berliner Boulevard-Blatt *B.Z.* im Sommer vergangenen Jahres in riesigen Lettern auf der ersten Seite. Hintergrund dieser Schlagzeile waren die Beschlüsse des Kreuzberger Bezirksamtes, keine öffentlichen Feste mehr zu genehmigen, wenn sie einen religiösen Charakter haben, sprich – Zitat: der »religiösen Selbstdarstellung auf öffentlichen Plätzen dienen«. Vorgeschlagen wurde, diese Feste auf privaten Grundstücken zu feiern oder einen besonderen Ort auszuweisen, an dem dann alle religiösen Feste stattfinden sollen. Das Fest zum Abschluss des Ramadan müsste daher in »Sommerfest« und der traditionelle Weihnachtsmarkt in »Wintermarkt« umbenannt werden, sonst könnten diese Veranstaltungen nicht mehr als öffentliche Veranstaltungen genehmigt werden.

Von vielen Seiten gab es Proteste. Denn *öffentliche Feste der Religionsgemeinschaften haben einen integrativen und gemeinschaftsfördernden Charakter. Es mutete geradezu grotesk an, wenn sie in einem multireligiösen Bezirk wie Berlin-Kreuzberg verboten werden sollen. Die Religion darf nicht ins Ghetto verbannt werden.* Als evangelische Kirche haben wir deutlich Stellung bezogen. Und auch der Berliner Regierende Bürgermeister stellte bald klar, dass die religiösen Feste zu einer weltoffenen und multikulturellen Stadt wie Berlin dazugehören.

Dieses Beispiel steht exemplarisch für einen aktuellen Konflikt zwischen religiösem Selbstverständnis und öffentlicher Wahrnehmung der Religion:

· Wir evangelischen Christen verstehen unseren Glauben als eine Motivationskraft, die uns ermutigt, in die Gesellschaft hineinzuwirken: *natürlich öffentlich.* Wir befruchten und unterstützen unsere demokratische, partizipative, dialogische, soziale Gesellschaft!

· In den Entscheidungen des Bezirks Kreuzberg zeigt sich aber ein anderes Verständnis von Religion, ein Verständnis, das sich allerdings nicht nur in Kreuzberg entdecken lässt: entweder öffentlich oder religiös. Religion wird eher als Problem denn als Bereicherung gesehen. Religiöse Veranstaltungen seien nur etwas für besonders geprägte Menschen. Sie könnten gerne ihre Kultur und ihre Geselligkeit unter sich feiern, aber die Öffentlichkeit müsse davon verschont werden.

Ein solches Verständnis von einem Glauben, der sich ins Private zurückzieht, ist nicht das evangelische Verständnis. Das Evangelium ist öffentliche Kommunikation, Rede in der und für die Öffentlichkeit, in der wir leben. In der Apostelgeschichte ist zu lesen, dass Gott dem Paulus, als dieser in Korinth ist, sagt: »Rede nur, du darfst nicht schweigen!« (Apg 18, 9) – Mit diesem Auftrag ist Paulus auf seinen Reisen unterwegs. Er sucht Dialog, Disputation, Diskussion auf öffentlichen Plätzen. Und so kommt er auch nach Athen und hält auf dem Areopag eine Rede. Ich lese den Predigttext für den heutigen Sonntag aus der Apostelgeschichte, Kapitel 17, die Verse 22–34:

Paulus aber stand mitten auf dem Areopag und sprach: Ihr Männer von Athen, ich sehe, dass ihr die Götter in allen Stücken sehr verehrt. Ich bin umhergegangen und habe eure Heiligtümer angesehen und fand einen Altar, auf dem stand geschrieben: Dem unbekannten Gott. Nun verkündige ich euch, was ihr unwissend verehrt. Gott, der die Welt gemacht hat und alles, was darin ist, er, der Herr des Himmels und der Erde, wohnt nicht in Tempeln, die mit Händen gemacht sind. Auch lässt er sich nicht von Menschenhänden dienen wie einer, der etwas nötig hätte, da er doch selber jedermann Leben und Odem und alles gibt. Und er hat aus einem Menschen das ganze Menschengeschlecht gemacht, damit sie auf dem ganzen Erdboden wohnen, und er hat festgesetzt, wie lange sie bestehen und in welchen Grenzen sie wohnen sollen, damit sie Gott suchen sollen, ob sie ihn wohl fühlen und finden könnten; und fürwahr, er ist nicht ferne von einem jeden unter uns. Denn in ihm leben, weben und sind wir; wie auch einige Dichter bei euch gesagt haben: Wir sind seines Geschlechts. Da wir nun göttlichen Geschlechts sind, sollen wir nicht meinen, die Gottheit sei gleich den goldenen, silbernen und steinernen Bildern, durch menschliche Kunst und Gedanken gemacht. Zwar hat Gott über die Zeit der Unwissenheit hinweggesehen; nun aber gebietet er den Menschen, dass alle an allen Enden Buße tun. Denn er hat einen Tag festgesetzt, an dem er den Erdkreis richten will mit Gerechtigkeit durch einen Mann, den er dazu bestimmt hat, und hat jedermann den Glauben angeboten, indem er ihn von den Toten auferweckt hat. Als sie von der Auferstehung der Toten hörten, begannen die einen zu spotten; die andern aber sprachen: Wir wollen dich darüber ein andermal weiterhören. So ging Paulus von ihnen. Einige Männer schlossen sich ihm an und wurden gläubig; unter ihnen war auch Dionysius, einer aus dem Rat, und eine Frau mit Namen Damaris und andere mit ihnen.

Der Areopag war eigentlich kein Forum für Mission, kein Marktplatz, auf dem sich die Religionen und Weltanschauungen präsentierten und um die Gunst der Suchenden buhlten. Auf dem »Areshügel«, dem Areopag, tagte ursprünglich der oberste athenische Gerichtshof. Später, in der römischen Zeit, hatte der Gerichtshof seine Sitzungen dann auf dem Markt. Seine Befugnisse erstreckten sich nur noch auf Kultus und Erziehung. Ob Paulus vor der Behörde oder auf dem Hügel selbst zu den Menschen gesprochen hat, lässt sich heute nicht mehr abschließend sagen. Jedenfalls steht der Areopag für einen Ort der Entscheidung, des Gerichtes. Und so ist die Rede des Paulus auf Apologetik ausgerichtet, auf das argumentative Verständlich-Machen der christlichen Botschaft. Seine Rede ist eine *Transparenzoffensive*, wie es heute heißen würde. Paulus stellt sich der Kultur und dem Gemeinwesen. Er knüpft an und stellt das Besondere, das *Alleinstellungsmerkmal*, seiner Religion heraus.

Paulus geht an die Öffentlichkeit. Auf den Areopag. Er schafft Transparenz, und er sorgt damit für Klarheit über seine Religion. Denn falsche Bilder kursierten in Athen darüber, was dieser neue Glaube denn beinhalte. Einige meinten, Paulus würde fremde Götter verkündigen, nämlich das Götterpaar Jesus und Anastasis. Ein gleichsam »polytheistisches Missverständnis« (Ekkehard Stegemann) des Auferstehungsglaubens, das Paulus bis ins Mark treffen musste. Denn der Glaube an Jesus Christus beruhte doch auf dem Glauben an den einen Gott Israels.

Glaube – offen für alle. Der Areopag ist das unübersehbare, neutestamentliche Zeichen dafür, dass *der Glaube auf die Bühne gehört, auf die öffentliche Bühne, um sich verständlich zu machen und für seine Inhalte zu werben.*

In unserem Land heute steht unsere Verfassung dafür ein, dass der Religion diese Bühne nicht verwehrt werden darf. Wir haben ein bewährtes Modell der partnerschaftlich-kritischen Integration von Religion in das öffentliche Leben. Die Religionsgemeinschaften haben die Möglichkeit, sich so zu organisieren, dass sie als kritischer Partner in die Zivilgesellschaft hineinwirken können. Wohlgemerkt – es geht im Grundgesetz um die »Religionsgemeinschaften«, nicht nur um die christlichen Kirchen. Islamische Gemeinden zum Beispiel können die gleichen Rechte in Anspruch nehmen wie die christlichen Kirchen, wenn sie bereit sind, die gleichen Pflichten auf sich zu nehmen.

Damals wie heute sorgt die Öffentlichkeit der Religion in einer Gesellschaft dafür, dass Menschen unterschiedlicher Religion und Weltanschauung einander wahrnehmen und in einen echten Dialog miteinander treten können. *Gerade die pluralistische Gesellschaft braucht Apologetik. Denn das öffentliche Verständlich-Machen des Glaubens fördert den Dialog, die Verständigung und das friedliche Zusammenleben.* Ähnlich wie bei Paulus müssen sich Religionen heute auf einem multireligiösen öffentlichen Markt behaupten und Apologetik betreiben. Religionen stehen in der Situation des Fragens und Gefragt-Werdens.

In Berlin gehen wir deshalb in jedem Jahr am Karfreitag mit einem großen grünen Holzkreuz durch die Innenstadt. Über tausend Teilnehmerinnen und Teilnehmer sind in diesem Jahr den Kreuzweg mitgegangen. An verschiedenen Stationen erinnern wir an das Leiden von Menschen in der Geschichte und in der Gegenwart. Wir machen verständlich, dass das Kreuz Christi keine Verherrlichung des Leidens, sondern der Protest gegen jedes unschuldige Leiden von Menschen ist, der Protest, den Gott selbst in seinem Sohn in dieser Welt öffentlich gemacht hat. Wir verkünden den Gott, der sich für Menschenwürde und Menschenrechte einsetzt und am eigenen Leib die Not der Unterdrückten erfahren hat.

Diese Apologetik ist heute dringend notwendig. Denn wir leben in einer Zeit, in der das Kreuz vielfach als Symbol der Unterdrückung missdeutet wird, so weit, dass Eltern ihre Kinder nicht mehr unter dem Kreuz unterrichtet wissen wollen.

Glaube – öffentlich für alle.

Paulus ist ein gutes Vorbild für uns, damit wir die Herausforderungen unserer Zeit bewältigen. »Rede nur, du darfst nicht schweigen!« Wir brauchen heute wieder neu eine konstruktive, dialogische Apologetik als Transparenzoffensive.

Paulus geht an die Öffentlichkeit. Auf den Areopag. Er ist entsetzt darüber, was er in Athen sehen muss. »Sein Geist ergrimmte«, heißt es in der Apostelgeschichte, »als er die Stadt voller Götzenbilder sah«. Deshalb findet er klare Worte, aber ohne aggressiv zu werden.

Debatten anzustoßen gehört zum Öffentlichkeitsauftrag der Kirche. Debatten brauchen klare Worte. Wofür stehe ich und wofür nicht? Der Areopag der Gegenwart, geprägt von einer rasant-dynamischen Medienwelt, ist kein Kuschelort für Religionen und Weltanschauungen. Er ist, wie der Athener Areopag, ein Entscheidungsort. Menschen entscheiden sich für oder gegen das, was wir als Christen in die Öffentlichkeit tragen.

Die Nikolaikirche in Leipzig, in der wir heute auf Gottes Wort hören, ist in der Zeit der Friedlichen Revolution zu einem Symbolort geworden, weil hier Raum für klare Worte war. Es wurde Öffentlichkeit geschaffen, ein Raum der Freiheit, ein Raum der freien Diskussion eröffnet.

In dem Leitbild dieser Kirche ist das auf eindrückliche Weise in Worte gefasst. Dort heißt es:

»Kirche als Freiraum, geistig und quadratmetermäßig, in einer Gesellschaft, die alles vorschreibt und kontrolliert: Das ist es! Wenn wir die Kirche öffnen für alle, die draußen zum Verstummen gebracht, die diffamiert oder gar inhaftiert werden, dann kann niemand mehr auf den Gedanken kommen, die Kirche sei eine Art religiöses Museum oder ein Tempel für Kunst-Ästheten. Sondern dann ist Jesus real präsent in der Kirche, weil wir zu tun versuchen, was Jesus tat, und was er will, dass wir's heute tun. Das ist die Geburtsstunde der *offenen Stadtkirche*.«

Diese Art von Öffentlichkeit gehört besonders charakteristisch zum evangelischen Glaubensverständnis, weil unsere Kirchen, obwohl sie sakrale Räume sind, nicht von der Welt und ihren Problemen freigehalten werden müssen.

Als ich Mitte Februar in Kairo war, habe ich die koptisch-evangelische Kirche besucht, die in unmittelbarer Nähe des Tahir-Platzes gelegen ist. Der Pfarrer erzählte uns, wie die Gemeinde bei den Demonstrationen vor drei Jahren die Türen ihrer Kirche geöffnet und den muslimischen Demonstranten angeboten hat, die Waschungen für die Gebete dort durchzuführen. Als Gegenleistung hätten dann die muslimischen Demonstranten die Christen eingeladen, mitten auf dem Tahir-Platz eine Open-Air-Andacht zu feiern, umringt und geschützt von den Muslimen. Als es im vergangenen Sommer bei den Demonstrationen viele Verletzte gab, hat die koptisch-evangelische Gemeinde in Zusammenarbeit mit der benachbarten Moschee ein Feldlazarett eingerichtet. Wie ein Wunder, so der Pfarrer der Gemeinde, sei dies alles für sie. Und bis heute führen sie Montagsgebete durch, jede Woche, sie werden über Satellit von Zehntausenden mitverfolgt, Gebete für Ägypten.

Ob er eigentlich wüsste, dass zur Zeit der Friedlichen Revolution in Deutschland die Kirchen geöffnet worden seien für Demonstranten, und dass Montagsgebete dort auch eine bedeutende Rolle gespielt hätten, habe ich ihn gefragt. Nein, das wusste er nicht. Er hat erst jetzt erfahren, dass vor

25 Jahren in Deutschland in verblüffend ähnlicher Weise der Glaube an den auferstandenen Christus die Kirchentüren geöffnet hat. *Glaube – öffentlich für alle.*

In einem Friedensgebet aus dieser Kirche, der Nikolaikirche, wird etwas von dieser öffentlichen Kraft des Glaubens spürbar; von der Kraft Jesu Christi, der durch den Tod ins Leben gegangen ist. In diesem Gebet heißt es:

Denn mit Jesus war endlich *einer* da, der sagte:
Selig sind die Armen!
Und nicht: Wer Geld hat, ist glücklich.
Endlich *einer*, der sagte: Liebe deine Feinde!
Und nicht: Nieder mit dem Gegner!
Endlich *einer*, der sagte:
Erste werden Letzte sein!
Und nicht: Es bleibt alles beim Alten!
Endlich *einer*, der sagte:
Wer sein Leben einsetzt und verliert,
der wird es gewinnen!
Und nicht: Seid schön vorsichtig!
Endlich *einer*, der sagte:
Ihr seid das Salz!
Und nicht: Ihr seid die Creme.
Endlich *einer*, der starb,
wie *er* lebte.

In Jesus Christus, liebe Gemeinde, dem Gekreuzigten und Auferstandenen, wird Gottes Liebe öffentlich, zugänglich für jeden.

Der Glaube wird offen für alle.

Amen.

»Suchet der Stadt Bestes«

Kantate, 18. Mai 2014

Landesbischof Prof. Dr. Friedrich Weber †, Wolfenbüttel

Liturg: Prof. Dr. Martin Petzoldt
Musik: Philharmonischer Jugendchor Leipzig

Und sucht den Frieden der Stadt, in die ich euch gefangen weg-
geführt habe, und betet für sie zum *Herrn!* Denn in ihrem Frieden
werdet ihr Frieden haben.

(Jer 29,7)

Liebe Gemeinde,
sie sind im Exil, in der Fremde, wie fühlt man sich da? Und
was braucht man? Zuspruch und Trost vor allem. Die vor
gut 2700 Jahren in Babel Exilierten erhalten beides. Von
Jeremia, dem Propheten, der an seine ins Exil nach Babel
verschleppten ehemaligen Mitbürger einen Brief richtet. Er
fordert sie auf, sich in der Fremde ein neues Zuhause zu suchen, die unbekannte Stadt zur neuen Heimat zu machen.
Häuser sollen sie bauen und darin wohnen, heiraten und
Kinder zeugen, Gärten pflanzen und Früchte ernten und essen. Dann schließt er seinen Brief mit dem Satz: »Suchet der
Stadt Bestes, ...und betet für sie zum Herrn; denn wenn's ihr
wohlgeht, so geht's auch euch wohl.« Die Exilierten werden
ermuntert, Verantwortung für die Stadt zu übernehmen.
Das bedeutet: Einbringen der eigenen Kräfte und Fähigkeiten in die Arbeitsprozesse, in die sozialen Lebensbezüge
inklusive der Generationenfolge, mit dem Ziel, »der Stadt

Bestes zu suchen«. Und dies geschieht am besten dadurch, dass man für sie betet. Für die Stadt beten ist nicht immer leicht. Sie hier in Leipzig wissen das, gerade die Universitätsgemeinde hat es erlitten. Aber der alte Text zeigt, dass sich die Gemeinde sogar in der Situation des Exils nicht von der sie umgebenden Stadt distanziert hat.

Diese Anfänge aus den jüdischen Wurzeln unseres Glaubens finden eine ungebrochene Fortsetzung in der Geschichte des Christentums. Jerusalem, Korinth, Philippi oder Rom waren keine Synonyme für den Untergang, sondern Orte des Lebens und auch der Entfaltung der christlichen Gemeinde. Und es wird deutlich: Christliches Leben ist immer Leben in den sozialen und politischen Bezügen, zum Beispiel in denen einer Stadt.

1. Sakralbauten in der Stadt

Dieser enge Zusammenhang von Stadt und Kirche findet oft seinen Ausdruck darin, dass Kirchen zu den Symbolen und Bildern einer Stadt gehören und ihr Erscheinungsbild prägen. Was wäre Berlin ohne Dom und Kaiser-Wilhelm-Gedächtniskirche, Hamburg ohne Michel, Freiburg ohne Münster, Dresden ohne Frauenkirche, Braunschweig ohne Dom, Leipzig ohne die Nikolaikirche? Alle diese genannten Kirchen haben einen positiven Symbolwert für die Stadt, der weit über den Wert für die jeweiligen Kirchengemeinden hinausgeht. Und sie sind der prominente Ort des Gebets für die Stadt. In vielen unserer Städte kann man heute noch das mittelalterliche Stadtschema erkennen, in dem es eine Stadtmitte gibt: das Rathaus als politisches Machtzentrum, der Markt als Ausdruck ökonomischer Macht und die Kirche als Symbol geistlicher Macht. »Dieses Dreiergestirn, das sich wechselseitig in Schach hält, also ein ebenso konfliktgeladenes wie kreatives Konkurrenzverhältnis darstellt, ist das dynamische Zentrum, von dem Orientierung ausgeht« (Wolfgang Grünberg, emeritierter Hamburger Praktischer Theologe).

Was bedeutet das für eine Gemeinde, die hier betet und sich das Wort Gottes zusprechen lässt und um seinen Anspruch weiß? Ich glaube, dass eine Kirche wie diese – aber das gilt auch für jede Dorfkirche – ein bewusst gesetzter *Heilspunkt* mitten im Leben der Menschen in der Stadt ist. Keine Stadt hat in ihrer Baugeschichte eine Mitte gefunden, ohne dass nicht auch die Heilsfrage oder, wie wir heute sagen würden, ein religiöser Ort mit eingeplant worden wäre. Eigentlich ist bis heute die Wunschvorstellung der Menschen ungebrochen, dass zu jedem Dorf eine Kirche gehört, dass ein Stadtteil nicht ohne eine Stadtteilkirche und eine Stadtmitte nicht ohne ein repräsentatives Kirchengebäude gedacht werden kann.

Die zerstörerische Wirkung von Stadtteilen auf ihre Bewohner, denen eine solche ordnende und prägende Mitte, die Orientierung schenkt, fehlt, zeigen Städte, die in den späten 1930er Jahren gegründet wurden, wo diese Mitte – wie in Salzgitter und Wolfsburg – bewusst ausgespart wurde. Ja, wir brauchen unsere Kirchen, denn sie sind:

· Orte des Segens, des Gebets für das Wohl der Stadt.
· Klagemauern und Hoffnungszeichen, Heimat aller Fremden und im Notfall auch Zufluchtsort für Verfolgte.
· In Kirchen wird das Glück und das Leid der Menschen bewahrt und gestaltet.
· Sie sind Schutzräume für Menschen in Not, aber auch für verfolgte Meinungen, bedrohte Traditionen und verdrängte Gefühle.
· Kirchen sind Spielräume protestantischer Freiheit. Diese Freiheit findet ihren Ausdruck besonders in der Feier des Gottesdienstes und in den Darstellungen des

Glaubens. Freiheit dokumentiert sich sowohl in der Kritik der Todesmächte der jeweiligen Zeit als auch in den Formen der Kunst.

Und dann kommt hinzu, dass »ein ausschließlich kirchliches Selbstverständnis weder die Öffentlichkeit von religiöser Symbolik angemessen würdigen noch die Erwartungshaltung vieler Distanzierter an diese Kirchen verstehen und dechiffrieren« kann (Wolfgang Grünberg). Die Aufgabe der Kirche ist es darum, im Horizont der Stadt selbst einen Beitrag zu leisten. Das heißt, »Orientierung zu inszenieren und dies nicht mehr isoliert, sondern durchaus im Konnex, also in der Mischung von Kooperation und Konkurrenz« zu den anderen Anbietern und Tempeln (Wolfgang Grünberg).

Ich erinnere für Braunschweig an die Gottesdienste zur Zerstörung der Stadt bei den Fliegerangriffen im Herbst 1944 und an den »Politischen Buß- und Bettag« im Dom. Das ist eine der Stärken, wenn Kirchen sich in der Stadt und für das Stadtbewusstsein stark machen, dass sie »hierbei immer die Aspekte von öffentlicher Buße, Mahnung zur Versöhnung, zur Gerechtigkeit, zur Erinnerung an das Leiden unschuldiger Menschen usw.« zum Ausdruck bringen können. Auch das ist Beten für die Stadt und ihre Menschen.

2. Der genuine Beitrag der Kirche zum Besten der Stadt

Alles Mögliche kann in einer Kirche geschehen, aber vor allem – wie Jeremia es in seinem Brief an die Vertriebenen in Babel formulierte – das Beten für die Stadt. Zum Besten der Stadt ist es eben auch nötig, dass in ihr die Rede von Gott, wie sie uns in Jesus Christus erschlossen wurde, als Evangelium nicht verstummt. Es ist die Lehre von der Rechtfertigung allein aus Gnaden, die im Zentrum unseres Glaubens steht. Es sind die Geschichten von und über Jesus, der gezeigt hat, dass die Würde eines Menschen der Grund dafür ist, dass er Anerkennung, Wertschätzung und Liebe erfährt, unabhängig davon, was er hat, was er kann, was er verdient, wie er aussieht, wie intelligent er ist.

Er ist, sie ist Geschöpf und Ebenbild Gottes, das sich allein seiner Liebe verdankt. Die Stadt ist um ihrer Zukunft willen auf diese Botschaft angewiesen, damit sie nicht die übersieht, die am Rande stehen, weil sie nichts mehr leisten können, weil sie zu alt oder krank sind. Der Wert und die Stärke eines Gemeinwesens wie einer Stadt hängen davon ab, wie der Schwächste in ihr überleben kann. »Wer denn, wenn nicht die Kirche, wird in einer kommerzialisierten, am Gelde und an Rentabilität orientierten Gesellschaft den Wert und die Würde des Menschen einschärfen, die unabhängig sind von dem, was einer zahlen und zählen kann?« (Manfred Kock).

Menschen leiden auch in Leipzig unter Arbeitslosigkeit und Überlastung, unter Stress und Leere, sowohl unter der Sehnsucht nach Verbindlichkeit als auch der Versuchung des schnellen Wechsels von Beziehungen. Für das Leben der Menschen in unserer Stadt ist die christliche Botschaft, ist das Gebet der Kirche lebensnotwendig.

3. »Die zukünftige suchen wir«

Ich schließe mit einem Wort aus dem Hebräerbrief, das das bisher Gesagte nicht aufhebt, aber in den rechten Rahmen bringt. Wir Christen glauben daran, dass wir hier keine bleibende Stadt haben. Wir suchen vielmehr die zukünftige. »Denn wir haben hier keine bleibende Stadt, sondern die zukünftige suchen wir« (Hebr 13,14). Mit diesem Wort wird die Offenheit allen Planens und Überlegens und zugleich dessen Vorläufigkeit festgehalten. Zugleich wird mit der Formulierung dieser realistischen Utopie ein Gegenüber zu unseren jetzigen Stadtplanungen postuliert. Es ist das Bild einer menschlichen Stadt, das im christlichen Verständnis am Beispiel Jesu von Nazareth ausgerichtet ist: an seiner Art, mit Menschen zu leben, seiner Art, die Bedingungen für ein menschenmögliches Leben zu gestalten und seiner Art, zu protestieren gegen alle Bestrebungen, den Menschen zu denunzieren. Diese Perspektive macht mir Mut, bewahrt mich auch vor Überanstrengung, weil sie mir mitteilt: Meine Stadt ist nicht alles, es kommt etwas auf mich zu, das das Bisherige bei Weitem übertrifft. Und zugleich fällt es mir leichter, manches Risiko auf mich zu nehmen.

Gott sei Dank: Wir haben hier keine bleibende Stadt, sondern es kommt die Stadt, die Welt, auf uns zu, in der Menschen heil sein werden. Darauf hoffe ich. Und für diese Hoffnung steht unsere Kirche mit ihren Türmen und Glocken, vor allem aber mit der Botschaft, die, Gott sei Dank, noch immer Sonntag für Sonntag in Wort und Sakrament mit der Musik und der Liturgie verkündet wird.

Amen.

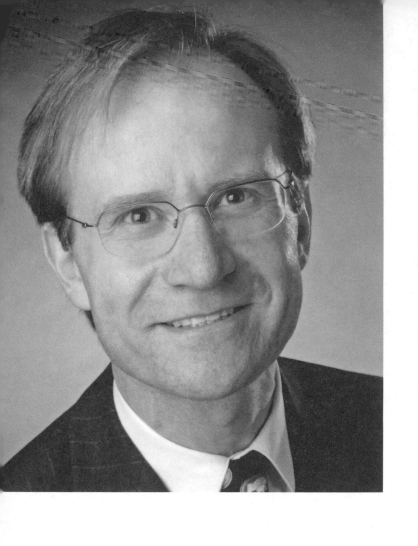

»Ein doppelter Regierungsantritt«
Himmelfahrt, 29. Mai 2014

Prof. Dr. Peter Zimmerling, Erster Universitätsprediger,
Leipzig (Predigt und Liturgie)

Musik: Bläserchor der Nikolaikirche unter der Leitung von
Christoph Käßler

(Eph 1, 20–23)

Liebe Universitätsgemeinde, liebe Gäste,
vor einigen Jahren hat ein Theologe den Himmelfahrtstag
ein »verklingendes Fest« genannt. Tatsächlich haben viele
Menschen unseres Landes – und ich fürchte, dass das auch
für Kirchenmitglieder gilt – nur vage Vorstellungen davon,
was am Himmelfahrtstag gefeiert wird.

Bemühungen, aus der Außenperspektive einen Zugang
zu einer Sache zu bekommen, haben immer nur einen be-
grenzten Wert. Ich lade Sie ein, im Hinblick auf die Himmel-
fahrtsbotschaft des Predigttextes die Außenperspektive
mit der theologischen Innenperspektive zu vertauschen.
Vielleicht eröffnet sich gerade dadurch ein überraschen-
der Zugang zum fremd gewordenen Himmelfahrtstag. Der
Predigttext gewährt Einblick in eine Wirklichkeit, die zwar
selbst unsichtbar ist, die aber – wie wir als Christen glauben – die sichtbare, unseren Augen allein zugängliche Welt
trägt und erhält, ja deren Bestimmung darstellt:

Mit der Macht seiner Stärke hat Gott in Christus gewirkt. Durch sie hat er ihn von den Toten auferweckt und eingesetzt zu seiner Rechten im Himmel über alle Reiche, Gewalt, Macht, Herrschaft und alles, was sonst einen Namen hat, nicht allein in dieser Welt, sondern auch in der zukünftigen.

Und alles hat er unter seine Füße getan und hat ihn gesetzt der Gemeinde zum Haupt über alles, welche sein Leib ist, nämlich die Fülle dessen, der alles in allem erfüllt.

Die Himmelfahrt führt zu seinem doppelten Regierungsantritt: Zum einen setzt Gott ihn ein zu seiner Rechten im Himmel über alle Reiche, Gewalt, Macht, Herrschaft und alles, was sonst einen Namen hat, nicht allein in dieser Welt, sondern auch in der zukünftigen. Zum anderen wird Christus von Gott zum Haupt der christlichen Gemeinde bestimmt. Die Regierung Jesu Christi hat daher zwei Brennpunkte: die Welt und die Kirche. Wobei klar sein sollte: Jesus ist der Herr über Kirche und Welt!

1. Jesu Herrschaft über die Welt

Wie haben wir uns die Regierung Jesu Christi über die Welt vorzustellen? Sie unterscheidet sich grundsätzlich von der Art und Weise, wie irdische Regierungen ihre Macht ausüben. Vielleicht hilft der Vergleich mit weltlichen Regierungen, die Besonderheiten der Regierung Jesu Christi in den Blick zu bekommen und besser zu verstehen. Die Regierung Jesu ist allumfassend im wahrsten Sinne des Wortes. Darum wird in orthodoxen Kirchen Jesus Christus als Pantokrator, als Herrscher über das All, in der Hauptkuppel der Kirche dargestellt. Er regiert nicht nur über die sichtbare Welt und ihre Regierungen, sondern ist auch Herrscher über die unsichtbaren Mächte des Himmels. Nichts und niemand kann seiner Regierungsgewalt widerstehen.

Immer wieder hat es im Verlauf der Geschichte einzelne Könige und Diktatoren gegeben, die die Weltherrschaft anstrebten. Die Reihe ihrer Namen ist lang: Sie reicht von Alexander dem Großen über Augustus, Dschingis Khan, Napoleon bis zu Hitler und Stalin. Sie alle sind gescheitert. Von Jesus Christus wird im Predigttext das Unglaubliche behauptet, dass er von Gott selbst zum Weltenherrscher eingesetzt worden ist. Als der Epheserbrief geschrieben wurde, war das angesichts der damaligen Machtverhältnisse eine geradezu irrsinnige Behauptung. Für die Bewohner des Römischen Reiches war klar: Nicht Jesus von Nazareth, sondern der Kaiser in Rom war der Herrscher der Welt.

Aber nicht nur die grenzenlose Weite der Herrschaft Jesu Christi unterscheidet ihn von allen weltlichen Herrschern. Auch in der Dauer seiner Regierung liegt ein fundamentaler Unterschied zu jeder weltlichen Regierung. Jesus hat Zeit. Anders als Angela Merkel, deren Regierung zeitlich begrenzt ist, hat Jesus Christus an Himmelfahrt für alle Zeit die Regierung über die Welt, ja den ganzen Kosmos angetreten. Er denkt deshalb nicht in Wahlperioden. Jesu Herrschaft ist ohne Ende.

Ich vermute, dass es viele unter uns gibt, die jetzt denken: Das alles sind reine Behauptungen, frommes Wunschdenken. Schön und gut: Die ersten Christen mögen vom Regierungsantritt Jesu über alle Mächte überzeugt gewesen sein. Aber haben sie sich nicht geirrt? Ist nicht in der Welt seitdem alles geblieben, wie es immer schon war? Haben nicht weiterhin die weltlichen Herrscher das Sagen? Barack Obama, Wladimir Putin und in der EU Angela Merkel? Wird der Glaube an den Regierungsantritt Jesu an Himmelfahrt vor bald 2000 Jahren durch den Blick auf das Weltgeschehen nicht Lügen gestraft? Ist die Hoffnung auf die Herrschaft Jesu Christi nicht eine fromme Illusion?

Ich meine, dass es angesichts dieser Einwände wichtig ist, sich das Ziel und die Praxis der Regierung Jesu vor Augen zu halten. Sie unterscheiden sich nämlich nicht nur durch ihre Reichweite und ihre Dauer von allen anderen Regierungen. Auch das Ziel und die Art und Weise, in der Jesus Christus seine Regierung ausübt, sind gänzlich verschieden von weltlichen Regierungsweisen. Die Regierung Jesu zielt auf den Frieden der Welt, den alles umspannenden, schon im Alten Testament verheißenen großen Schalom. Es geht Jesus um die Schalomatisierung der Welt. Damit dieser Friede Wirklichkeit werden kann, müssen mindestens vier Friedensstörungen überwunden werden: die Konflikte zwischen Mensch und Gott, zwischen Mensch und Mensch, zwischen Mensch und Natur und zwischen dem Bewussten und dem Unbewussten im Menschen selbst. Diese Konflikte – theologisch gesprochen Sünde und Schuld – können überwunden werden, weil Jesus am Kreuz Frieden zwischen Gott und Mensch gemacht hat und damit die entscheidende Voraussetzung für den Schalom in der Welt erfüllt ist. »Ehre sei Gott in der Höhe – und Friede auf Erden« (Lk 2,14), haben die himmlischen Engelchöre bei der Geburt Jesu, des Friedensfürsten, an Weihnachten gesungen. In der Erzählung von der Himmelfahrt Jesu wird ausdrücklich festgehalten, dass die Regierung Jesu Christi in der Verkündigung des Evangeliums konkret wird: Es geht darum, »dass gepredigt wird im Namen Jesu Christi Buße zur Vergebung der Sünden unter allen Völkern« (Lk 24,47).

Der Friede Gottes beginnt im menschlichen Herzen durch die Versöhnung mit Gott. Dabei ist das Ziel der Regierung Jesu weit gespannt, ja weltumfassend. Es geht um den Frieden der Welt und damit auch um die Befriedung gesellschaftlicher Konflikte. Dahinter darf die Verkündigung des Evangeliums nicht zurückbleiben! Die Ereignisse der Friedlichen Revolution vor 25 Jahren hier in Leipzig veranschaulichen wunderbar die Kraft des Evangeliums auch auf dem Feld von Politik und Gesellschaft.

Wenn beim Einsatz für die Verbesserung der Gesellschaft jedoch die Seele des Menschen übersehen wird, verkommt das Evangelium zu einer Weltverbesserungsideologie. Jesus interessiert sich bei der Durchsetzung seiner Regierung zuallererst für den Einzelnen. Das lässt sich am Verhalten des irdischen Jesus ablesen. Jesus sieht Zachäus auf dem Baum sitzen, bleibt stehen und spricht ihn an: »Zachäus, ich muss heute in *deinem* Hause einkehren« (Lk 19,5). Der dänische christliche Philosoph Sören Kierkegaard war überzeugt, dass ein Mensch überhaupt erst dadurch zum Einzelnen wird, dass Jesus ihn persönlich anspricht. Erst indem ich die Anrede Jesu höre, werde ich mir meiner unverwechselbaren Persönlichkeit bewusst.

2. Jesu Herrschaft über die christliche Gemeinde

Der zweite Brennpunkt der Herrschaft Jesu Christi neben der Herrschaft über alle Mächte ist seine Herrschaft über die christliche Gemeinde. Dabei fällt die unterschiedliche Wortwahl im Epheserbrief auf: Im Hinblick auf die Herrschaft über die weltlichen Reiche und Machthaber heißt es, dass Gott alles *unter die Füße* Jesu Christi getan hat. Die Herrschaft Jesu über die christliche Gemeinde wird dagegen als *Hauptsein* beschrieben. Jesus ist das Haupt der Gemeinde, die sein Leib ist. Damit ist weniger das Motiv der Herrschaft als vielmehr das der Zusammengehörigkeit betont. Der Leib kann nicht ohne das Haupt sein – genauso wenig wie das Haupt ohne den Leib zu existieren vermag. Ein gewagtes Bild! Ein Bild, das wirkungsvoll zum Ausdruck bringt, dass beide – Haupt und Leib, Jesus und Gemeinde – voneinander abhängig, aufeinander angewiesen sind. Der besonnene Apostel Paulus gerät ins Schwärmen, wenn er das Bild vom Haupt und Leib noch weiter entfaltet. Er schreibt: »Die Gemeinde enthält die Fülle Jesu Christi« – an der Gemeinde lässt sich also ablesen, wer Jesus Christus ist. Als evangelische Christen werden wir angesichts eines derartigen Lobs der Kirche skeptisch. Dennoch: Das Loblied auf die Gemeinde Jesu Christi, das Paulus anstimmt, sollte uns Evangelische ins Nachdenken bringen. Vielleicht ist es nötig, unsere Meinung von der Kirche noch einmal zu überdenken.

Was bedeutet nun das Hauptsein Jesu Christi über die christliche Gemeinde, wie sieht seine Leitung der Gemeinde konkret aus? Jesus will für die leiblichen Belange seiner Nachfolger sorgen. In der Bergpredigt lädt er seine Nachfolger und Nachfolgerinnen zu einem hohen, sorglosen Leben ein, das auf den Segen Gottes vertraut. Die Vögel unter dem Himmel und die Lilien auf dem Felde sind Denkmale der Fürsorge Gottes. Sie sind vorbildlich in ihrem Freisein von materiellen Sorgen. Neben dem leiblichen Wohl sorgt Jesus auch für das geistliche Wohl seiner Leute. Nachfolgerinnen und Nachfolger Jesu dürfen frei sein von der Sorge um ihr ewiges Heil. Der Anteil am ewigen Leben Gottes, das ist Jesu Geschenk an seine Nachfolger.

Deren Aufgabe besteht in der Verkündigung des Evangeliums durch Wort und Tat. Nur so kann die Regierung Jesu Christi durchgesetzt werden. An vielen Stellen im Neuen Testament wird die Verkündigung des Reiches Gottes als ein riskantes Unternehmen beschrieben. Misserfolge gehören unweigerlich dazu. Sie sind übrigens nicht automatisch auf das Versagen der Nachfolger zurückzuführen.

Kirche und Theologie stehen heute in Gefahr, angesichts langsam, aber stetig abnehmender Kirchenmitgliedszahlen und gesellschaftlicher Dauerkritik, die Basics des Glaubens und der christlichen Ethik zur Disposition zu stellen. Psychologisch leicht nachvollziehbar: Jeder Mensch, auch jede Gruppe will von anderen anerkannt sein. Es ist schwer, auf Dauer eine Minderheitenposition zu vertreten, Ablehnung und Widerstand zu ertragen. Erst recht gilt das in einer erfolgsorientierten Gesellschaft. Als Christen sollten wir uns gerade heute an Himmelfahrt, am Gedenktag des Regierungsantritts Jesu Christi, daran erinnern lassen: Die Wahrheit des Evangeliums, dass Gott selbst in seinem Sohn Jesus in die Welt gekommen ist, um für uns zu leiden und zu sterben und uns Anteil an seinem göttlichen Leben zu geben, bleibt unverbrüchlich. Diese Gewissheit verleiht inneren Frieden und Überzeugungskraft nach außen. Gleichzeitig bewahrt sie vor fundamentalistischer Selbstabschließung. Christen brauchen die Fenster nicht zuzumachen, die Rollläden herunterzulassen und sich trotzig in ein vermeintlich sicheres christliches Ghetto zurückzuziehen! Nach dem Motto: Wenigstens darin soll Jesus der Herr sein. Jesus ruft seine Nachfolgerinnen und Nachfolger auf den schmalen Weg der Nachfolge. Der schmale Weg sollte nicht mit dem engen verwechselt werden! Der enge Weg unterscheidet sich vom schmalen dadurch, dass er von hohen Mauern begrenzt ist. Die Mauern des engen Weges bewahren Menschen vielleicht davor, vom Weg abzukommen, verhindern aber gleichzeitig, dass andere von außen auf ihn gelangen. Weg mit den Mauern ums christliche Ghetto!

Die Herrschaft Jesu Christi über die christliche Gemeinde setzt einen Raum der Freiheit voraus. Dafür bietet unser freiheitlich-demokratischer Rechtsstaat gute Voraussetzungen. Die Bundesrepublik garantiert Religionsfreiheit. Niemand darf zum Glauben gezwungen werden. Es ist deshalb gut, dass die christlichen Kirchen ihr religiöses

Monopol verloren haben. Jeder sollte ohne gesellschaftliche Nachteile befürchten zu müssen auch in Distanz zum christlichen Glauben leben können.

Im Gedenken an die Sprengung der Universitätskirche 1968 sollten wir uns jedoch gleichzeitig klarmachen: Die Väter und Mütter des Grundgesetzes wollten nicht nur die Freiheit *von der* Religion, sondern auch die Freiheit *zur* Religion sicherstellen: Jeder und jede in unserer Gesellschaft muss die Chance haben, den christlichen Glauben und die mit ihm verbundenen Werte kennenzulernen. Darum der Religionsunterricht in kirchlicher Trägerschaft an öffentlichen Schulen, die den Kirchen eingeräumten Sendezeiten in öffentlich-rechtlichen Sendern und die Theologischen Fakultäten an staatlichen Universitäten zur Ausbildung des kirchlichen Nachwuchses einschließlich des Amtes eines Universitätspredigers.

Amen.

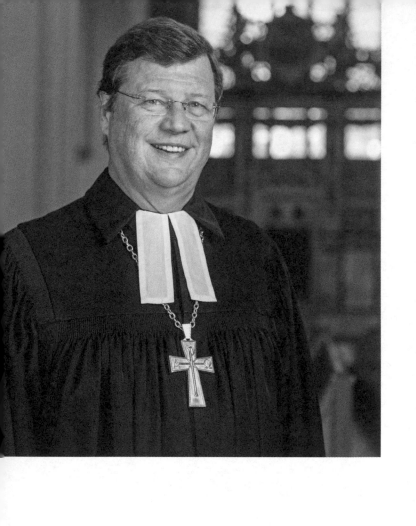

»Unaussprechliches Seufzen – endlich einmal!«

Exaudi, 1. Juni 2014

Bischof Dr. Hans-Jürgen Abromeit, Greifswald

Liturg: Prof. Dr. Alexander Deeg
Musik: David Timm & Reiko Brockelt, Saxophon

Ebenso hilft auch der Geist unsrer Schwachheit auf. Denn wir wissen nicht, was wir beten sollen, wie sich's gebührt; sondern der Geist selbst tritt für uns ein mit unaussprechlichem Seufzen. Der aber die Herzen erforscht, der weiß, was der Geist will; denn er tritt für die Heiligen ein, wie es Gott gefällt. *Wir wissen aber, dass denen, die Gott lieben, alle Dinge zum Besten dienen, denen, die nach seinem Ratschluss berufen sind.* Denn die er ausersehen hat, die hat er auch vorherbestimmt, dass sie dem Bild seines Sohnes gleich sein sollten, damit dieser der Erstgeborene unter vielen Brüdern sei. Die er aber vorherbestimmt hat, die hat er auch berufen; die er aber berufen hat, die hat er auch gerecht gemacht; die er aber gerecht gemacht hat, die hat er auch verherrlicht.

(Röm 8,1–2.10–11)

Liebe Gemeinde,
der Apostel Paulus nimmt uns mit hinein in die Mitte von Erlösung und Rechtfertigung. Wer an Jesus Christus glaubt, hat Frieden mit Gott, seinen Mitmenschen und mit sich selbst.

1. Seufzen in der Tiefe unserer Seele

Ach, sagen wir, das ist ja schön, aber es gibt ja noch so vieles, was uns auf der Seele liegt:

- Da hat dich dein Partner stumm gemacht. Aber du liebst ihn noch. Du möchtest deinen Kummer herausschreien. Doch du bleibst stumm: unaussprechliches Seufzen.
- Deine Arbeit fasziniert dich. Aber seit Jahren gewinnst du keinen Abstand und keine Ruhe. Irgendwie ist alles atemlos. Eigentlich möchtest du jemandem klagen, dass es so nicht immer weitergehen kann. Doch wem? Bei dem einen darfst du keine Schwäche zeigen, andere haben kein Interesse. »Unaussprechliches Seufzen!«
- Seit Mittwoch wusste sie, dass es etwas Ernstes ist. Am Freitag wurde sie operiert. Da haben sie aber festgestellt, dass es inoperabler Krebs war. Am Sonntag war sie tot. Ihrem Mann erstarb das Reden: »Unaussprechliches Seufzen!«

Es gibt viele Situationen, in denen wir losschreien möchten, reden, klagen, seufzen, aber es kommt kein Wort über unsere Lippen. Wir empfinden lediglich unaussprechliches Seufzen.

Das Enfant terrible der deutschen Kultur, der Regisseur und Schauspieler Christoph Schlingensief, hat Tagebuch geführt über sein Leben mit dem Krebs, dem er schließlich 2010 erlegen ist: »Heute aber ist die Angst gelandet. Ich weiß jetzt ungefähr, wo es hingeht. Ich will, dass das Ding rauskommt. Bin tatsächlich ein wenig in der Stimmung, die ich vor ein paar Tagen in der Kapelle erlebt habe. Da habe ich geredet, ganz leise vor mich hingeredet, obwohl niemand anderes da war. Habe gefragt, wie ich wieder Kontakt herstellen kann und wie ich begreifen kann, dass das jetzt ein Bestandteil meines Lebens ist. Und ich habe mich dafür entschuldigt, dass ich mir dabei schon wieder selbst zugehört habe. Nach einer Zeit hat mir irgendjemand einfach die Stimme abgeschaltet. Ich bin ganz still geworden und habe hochgeguckt, da hing das Kreuz, und in dem Moment hatte ich ein warmes, wunderbares, wohliges Gefühl. Ich war plötzlich jemand, der sagt: Halt einfach die Klappe, sei still, es ist gut, es ist gut.«[4]

Auch der Nichtreligiöse kann in einer existentiellen Leidenssituation – auffälligerweise angesichts des Kreuzes Christi – eine tiefe Entlastung erfahren und sich wohlfühlen. »Da hing das Kreuz, und in dem Moment hatte ich ein warmes, wunderbares, wohliges Gefühl.« Der am Kreuz hängt, kennt Leid und Schmerz. Dafür steht das Kreuz. Es ist eine große Befreiung, wenn unser Leid vor Gott kommt und wir uns dort aufgehoben fühlen. Dann tritt der Geist Gottes mit Flehen und Seufzen für uns ein. Und wir müssen nichts sagen. Wir sind schweigend bei Gott in guter Gesellschaft. »Unaussprechliches Seufzen – endlich einmal!«

Am Ende unserer Kraft, zurückgeworfen auf uns selbst, nicht mehr aus noch ein wissend, tut es einfach gut, nicht schon wieder reden und produzieren zu müssen, nicht »plappern zu müssen wie die Heiden«, sondern sich einfach fallen lassen zu können in Gottes gute Hände. »Halt einfach die Klappe, sei still, es ist gut, es ist gut.« Wir sind vielleicht zu schwach, um große Glaubenserfahrungen zu machen. Zu leer, um das rechte Gebet zu sprechen. Aber wir sind als Geschöpfe sowieso nicht fähig, Gottes Größe in seiner ganzen Herrlichkeit zu erfassen. Doch er kennt uns. Der große Gott, der in Jesus Christus so klein geworden ist, er kennt alles, was uns bewegt, das Große und das Kleine. Er weiß, was in unseren Herzen vorgeht. Selbst wenn wir in einer für uns völlig ungeklärten Situation leben, bringt der Geist Gottes das so

4 Christoph Schlingensief, So schön wie hier kanns im Himmel gar nicht sein! Tagebuch einer Krebserkrankung, München, 2010, 24.

vor Gott, dass er uns versteht. Gott versteht uns dann, wo wir uns selber nicht oder noch nicht verstehen. Der Geist Gottes kommt uns so nah, wie wir uns selbst nicht kommen können. Er ist der Dolmetscher zwischen unserer Unaussprechlichkeit und Gottes Herrlichkeit. So sind wir mitten hineingenommen in die Wirklichkeit des dreieinigen Gottes: mit dem Vater, der es nur gut mit uns meint, dem Sohn, der unser Bruder geworden ist und alles Leid und alle Schönheit dieser Welt kennt, und dem Geist, der die Verbindung schafft zwischen Gott und Mensch. Es ist befreiend, dass dieser Geist uns »vertritt ... mit unaussprechlichem Seufzen«. Gottes heiliger Geist springt uns zur Seite. Er bringt unsere Not vor Gott, wo wir es nicht mehr vermögen.

Unser Leben wird gut, heil, wenn wir es einfach vor Gott hinstellen, es ihm ausliefern. Wir meinen ja, wir könnten unser Leben machen. Nur genug arbeiten, forschen und veröffentlichen, und wir werden Erfolg haben. Nur alles in eine Beziehung investieren und dann wird das mit der Partnerschaft schon klappen. Nur achtsam leben, dann wird mir die Gesundheit schon erhalten bleiben.

Nein, wir haben unser Leben nicht in der Hand. Es gibt in diesem Sinn kein gelingendes Leben, weder in Beruf noch Beziehung, und auch nicht mit Leib und Leben. Ob wir es im Beruf zu etwas bringen, hängt von vielen – vermeintlichen – Zufällen ab. Es gibt viele, die sind genauso gut wie wir und sie erreichen ihre Ziele nicht. In der Beziehung ist mir die andere Person unverfügbar. Und unsere Gesundheit balanciert immer auf einem Drahtseil. Jeden Moment kann sie abstürzen. Aber, sagt Paulus, das ist alles nicht entscheidend. Entscheidend ist, ob du dich der Nähe Gottes aussetzt. Oder wörtlich: ob du Gott liebst (V. 28). Wer zu Gott in einer positiven, vertrauensvollen Beziehung steht, sieht alles in einem anderen Licht. »Wir wissen aber, dass denen,

die Gott lieben, alle Dinge zum Besten dienen« (V. 28 a).
Aber wie kann man das sagen, z. B. angesichts der Kriege
in der Welt? Sterben nicht auch Menschen in jedem Krieg,
die großes Gottvertrauen gehabt haben? Oder wie kann ein
Krebsleiden zum Besten dienen? Gibt es nicht Situationen,
die sind einfach nur schlecht und darin kann man gar nichts
Gutes finden?

Wir können die Deutung von solchen schlimmen Leiden
nicht für andere vornehmen. Jeder Mensch hat die Deu-
tungshoheit über sein Leben. Aber dabei stellen wir fest,
dass es Menschen gibt, die auch dem Schlimmen, was sie erlebt haben, eine positive Perspektive abgewinnen können.

»Ja, meine Frau ist so schnell gestorben. Das war schreck-
lich. Aber sie hatte immer Angst, im Alter und im Sterben
viel leiden zu müssen. Das ist ihr nun erspart geblieben.« Es
hängt von der Perspektive ab, ob das Glas Wasser halb voll
oder halb leer ist. Aber hier geht es um mehr. Lebe ich mein
Leben getragen von dem Grundgefühl der Geborgenheit in
Gott oder fühle ich mich ohne Beistand ins Leben geworfen?
Diese Grundhaltung ist für das Lebensgefühl entscheidend.

2. Rechtfertigung: Leben aus der Kraft Gottes

Liebe Gemeinde, hier sind wir mitten in der Theologie
des Römerbriefes und der Reformation. Die Frage heißt:
Lebe ich aus der Kraft Gottes, die das Evangelium schenkt
(vgl. Röm 1,16), oder versuche ich mein Leben aus eigenen
Kräften zu führen? Als Motto hat der Apostel Paulus ein
Wort aus dem Alten Testament über den Brief gesetzt: »Der
Gerechte wird aus Glauben leben« (Habakuk 2,4). Aber:
Gerecht wird niemand aus eigener Leistung noch Anstren-
gung, sondern nur aus der durch Jesus Christus erneuerten
Beziehung zu Gott. Das ist Rechtfertigung, kein Zustand,
sondern eine neue Beziehung zu Gott, eine Beziehung, die

Gott auf seiner Seite verändert hat. Unsere Selbstliebe hatte die Beziehung zwischen Gott und Mensch und zwischen den Menschen zerstört. Und dann kam einer, der ganz neu aus der Verbundenheit mit Gott gelebt hat. Wir wissen von Jesus Christus, dass er täglich Gottes Nähe suchte – im stillen Gebet und im Haus Gottes. Um diese Nähe zu Gott zu erhalten, fragte er radikal nach Gottes Willen. »Nicht mein, sondern dein Wille geschehe!«, war sein Gebet. Ja, er war sogar bereit, sich selbst zurückzustellen und für uns den Weg des Leidens und Sterbens zu gehen. Durch diese radikale Selbstzurücknahme hat Jesus die Voraussetzung für die Erneuerung der Gottesbeziehung geschaffen. Durch Christi Tod und Auferstehung hat Gott diese Beziehung wieder ins Lot gebracht. Es gibt nun ein funktionierendes Modell des Menschseins und das heißt Jesus Christus. Diese Lehre von der Rechtfertigung ist das Zentrum der Reformation. Darum ist es richtig und gut, dass der Rat der EKD dies in einer kleinen Programmschrift »Rechtfertigung und Freiheit« noch einmal im Blick auf die Feier des Reformationsjubiläums unterstrichen hat. Zwei Kritiker merkten an, historisch sei die Reformation viel weiter, müssten weitere Perspektiven beachtet werden. Natürlich, aber Rechtfertigung ist das Zentrum!

Rechtfertigung bezieht sich nicht nur auf die Vergangenheit: Durch das Opfer Christi werden uns die Sünden, die wir getan haben, vergeben. Aber gleichzeitig hat Gott uns »dazu bestimmt, neu gestaltet zu werden – und zwar so, dass wir dem Bild seines Sohnes gleichen« (V. 29 Basisbibel). Christen leben aus dem, was man nicht sieht. Ein Leben aus dem Unanschaulichen ist orientiert an der Anschauung von Jesus Christus. Er ist das Modell der neuen Menschheit. Paulus sagt: Christus ist der Erstgeborene. Aber er soll viele Brüder und Schwestern haben, alle gestaltet nach diesem

Urbild Jesus Christus. Es ist Gottes Plan, dass eine aus dem Lot geratene Menschheit wieder ins Lot kommt durch die Ausrichtung auf Jesus Christus.

3. Jesus Christus – Prototyp einer neuen Menschheit

Diese Ausrichtung auf Christus geschieht auf zweierlei Weise. Einmal wird Gott uns bei unserer Auferstehung auf die Form des Menschseins ausrichten, die Jesus Christus vorgegeben hat. In diesem Sinn ist er der Erstgeborene unter vielen Brüdern und Schwestern. Jesus Christus ist der Prototyp einer neuen Menschheit.

Wenn wir in Ewigkeit dem Menschsein entsprechen werden, das Jesus Christus gelebt hat, dann sollten wir heute schon beginnen, unser Leben am Leben von Jesus Christus auszurichten. Paulus sagt an einer anderen Stelle (Phil 2,5): »Seid so gesinnt, wie es der Gemeinschaft in Christus Jesus entspricht.« Jesus Christus hat sich selbst zurückgenommen, damit wir Gemeinschaft mit Gott haben können.

Selbstzurücknahme, Nächstenliebe, Solidarität – nichts braucht diese so in sich selbst verliebte Menschheit mehr als diese Verhaltensweisen. In der Geschichte Jesu Christi können wir es lernen. Im Kleinen, in unserem persönlichen Leben, wie im Großen, in Gesellschaft und Politik, können wir es anwenden. Sagen Sie nicht, in der Politik, in der Auseinandersetzung der Völker, sei die Lehre Jesu nicht zu gebrauchen. Schließlich ging doch von dieser Kirche vor einiger Zeit eine Bewegung mit dem Slogan: »Keine Gewalt!« aus, die Politik geschrieben hat, ein Volk vereinte und dazu beitrug, die Staatenwelt neu zu ordnen. Es ist der Sohn Gottes, der uns in seine umgestaltende Kraft mit hineinnimmt.

Dieser Plan Gottes, der auch für uns eine solche Zukunft voraussieht, hat lange vor unserer Geburt begonnen. Gott hat uns vorherbestimmt, dabei zu sein. Deswegen hat er uns durch unsere Taufe auch dazu berufen. In der Taufe hat er uns die Gerechtigkeit Jesu Christi angerechnet. Deswegen dürfen wir uns der Teilhabe an der zukünftigen Herrlichkeit ganz gewiss sein. Der Glaubende wird immer stärker in die Christuswirklichkeit hineingezogen, so dass Paulus an einer anderen Stelle sogar sagen kann: »So lebe nicht mehr ich, sondern Christus lebt in mir« (Gal 2,20). Der Glaube ist nichts anderes als »das Leben Jesu Christi in uns«.

So schlägt unser heutiger Predigttext einen großen Bogen. Er beginnt mit dem Seufzen in der Tiefe unserer Seele. Vielleicht spüren wir unsere Schwachheit, aber Gott beginnt in unserem Unvermögen, mit uns seinem Plan zu folgen. Er endet mit der Gleichgestaltung unseres Lebens mit dem Leben Jesu Christi. Schon heute spüren wir die Veränderung, weil »denen, die Gott lieben, alle Dinge zum Besten dienen«. Was mit Seufzen beginnt, endet in der Herrlichkeit. Und wir stehen mittendrin.

Amen.

»Vom öffentlichen Wirken der Kirche«
Pfingstsonntag, 8. Juni 2014

Ratsvorsitzender der EKD Dr. h.c. Nikolaus Schneider,
Hannover

Liturg: Prof. Dr. Peter Zimmerling
Musik: Heike Richter, Sopran

(Röm 8,1–2.10–11)

Zeitansage
Wir leben in einer gespaltenen Welt, mit unseren geteilten
Köpfen und Herzen.
Wir nehmen unsere absurde Zeit schon gar nicht mehr wahr.
Wir sehen alles und sehen nichts.
Wir wissen alles und wissen nichts.
Wir lesen drauflos, um unsere Seele zu retten.
Wir retten nichts, wir hören nichts.
Wir hören alles und erkennen nichts. [5]

Liebe Gemeinde!
Mit dieser »Zeitansage« machte der theologische Poet vom
Niederrhein, Hanns Dieter Hüsch, deutlich: Auch nach und
trotz der Aufklärung, auch nach und trotz aller wissenschaftlichen und technischen Fortschritte, auch nach und
trotz jahrtausendealter Philosophie- und Kirchengeschich-
te braucht unser menschlicher Geist neue Inspiration. Neue
Inspiration, die unser *Sehen* zu einem *Wahrnehmen* macht.

5 Hanns Dieter Hüsch, Das Schwere leicht gesagt, Freiburg 2007, 26.

Unser *Hören* zu einem *Verstehen*. Unser *Lesen* und *Wissen* zum Anstoß für *verantwortliches Tun*.

Angesichts der Zerrissenheit und der Krisen in unseren Köpfen und in unserer Welt brauchen wir einen neuen Geist, der »*unsere Seele rettet*«. Auch als aufgeklärte Menschen in der »spätmodernen Gesellschaft«. Auch als gebildete Theologen und Theologinnen. Auch als Menschen, die in öffentlicher Verantwortung stehen. Auch in der Kirche.

Deshalb feiern wir heute Pfingsten. Das Pfingstfest ist das Fest dieses neuen Geistes. Pfingsten bedeutet: Gottes Geist inspiriert den Menschengeist. Gottes Geist begründet ein »Kommunikationswunder« zwischen Gottes lebendigem Wort und unserem menschlichen Geist. Und er wirkt »Kommunikationswunder« zwischen Menschen in ihren Beziehungen und Gemeinschaften. Gottes Geist lässt Menschen neu hören und neu verstehen – über Prägungen der Person, Sprachgrenzen und kulturelle Unterschiede hinweg.

Am ersten Pfingstfest, damals in Jerusalem vor fast 2000 Jahren, schlug die Geburtsstunde für die weltweite und bunte, vielfältige und vielstimmige Kirche Jesu Christi. Der auferstandene Christus machte sich den Seinen erfahrbar als eine gegenwärtig wirkende und inspirierende Geisteskraft. In dieser Kraft wird Vielfalt zusammengeführt und zusammengehalten.

Das hat Folgen: Damals in Jerusalem erneuerte der Geist Christi den Geist seiner Nachfolgerinnen und Nachfolger: Aus Zögernden wurden Begeisterte. Ihre lähmende Angst wurde zu einem tätigen Mut. Aus ihrem privaten Rückzug wurde ein öffentlicher Aufbruch. Pfingsten wurde so zu dem »Grunddatum« für das öffentliche Wirken von Christenmenschen und der Kirche.

Dieses Pfingstgeschehen war kein einmaliges Ereignis exklusiv für Jesu Jünger damals in Jerusalem. Schon Paulus versicherte deshalb der jungen Christengemeinde in Rom, dass »*die Liebe Gottes ausgegossen ist in unsere Herzen durch den Heiligen Geist, der uns gegeben ist*« (Röm 5, 5 b). Diese Grundgewissheit trägt Christinnen und Christen bis heute: Der Heilige Geist *ist* ausgegossen – nicht nur in Jerusalem und Rom, auch hier in Leipzig. Und dieser Geist bewirkt bis heute Kommunikationswunder in unserer Gottesbeziehung und in unseren Menschenbeziehungen.

Der Predigttext für diesen Pfingstsonntag beschreibt die *befreiende* Kraft, mit der Gottes Geist jeden einzelnen Menschen inspirieren will. Ich lese die Verse 1 bis 2 und 10 bis 11 aus dem 8. Kapitel des Briefes von Paulus an die Gemeinde in Rom:

So gibt es nun keine Verdammnis für die, die in Christus Jesus sind. Denn das Gesetz des Geistes, der lebendig macht in Christus Jesus, hat dich frei gemacht von dem Gesetz der Sünde und des Todes. Wenn aber Christus in euch ist, so ist der Leib zwar tot um der Sünde willen, der Geist aber ist lebendig um der Gerechtigkeit willen. Wenn nun der Geist dessen, der Jesus von den Toten auferweckt hat, in euch wohnt, so wird er, der Christus von den Toten auferweckt hat, auch eure sterblichen Leiber lebendig machen durch den Geist, der in euch wohnt.

Paulus spricht den Christinnen und Christen in Rom und auch uns heute hier in Leipzig zu: Wenn Menschen sich an Christus halten und dem Geist Gottes in sich Raum geben, dann geschieht etwas mit ihnen. Ihre Existenz wird befreit, erneuert. Sie gehören schon jetzt – mitten in dieser *gespaltenen Welt* und *absurden Zeit* – zum unzerstörbaren Leben in Gottes Reich! Das ist der Kern dieses pfingstlichen Predigttextes.

Zwei Gedanken des Textes will ich weiterentfalten.

1. Menschen, die ihr Leben an Jesus Christus binden, werden frei von Höllenfurcht und lähmender Todesangst.

Paulus ist sich ganz gewiss: Das Evangelium von Jesus Christus ist eine *frohe* Botschaft, weil es eine *Liebes-* und eine *Freiheitsbotschaft* ist. Das Gottvertrauen, das Jesus vorgelebt und gelehrt hat, befreit Menschen aus ihrer Selbstbezogenheit und aus einem sozialen Autismus. Es befreit von dem Zwang zur Selbstrechtfertigung und von der Verzweiflung, den eigenen Ansprüchen und den Ansprüchen Gottes nicht zu genügen. In Jesus und durch Jesus erkennen Menschen, dass sie sich Gottes Liebe und Anerkennung nicht verdienen müssen – weder durch ihre Frömmigkeit noch durch eine geistreiche Theologie noch durch ihr gerechtes Tun.

In Jesus sucht und begegnet uns der liebende und gnädige Gott. Wir müssen uns nur finden lassen und Herz und Verstand für Gottes Geist öffnen. Dann werden wir frei von allen Versuchen, unser Leben auf uns selbst zu gründen – auf unsere eigenen Fähigkeiten, auf unsere eigene Stärke, auf unser eigenes Vermögen. Das korrespondiert mit dem verzweifelten und am Ende vergeblichen Streben, uns vor Gott durch die Erfüllung aller göttlichen Gebote zu rechtfertigen.

Wenn Gottes Geist in uns wohnt, dann müssen wir keine Verdammnis im Leben und keine endgültige Verlorenheit im Gericht Gottes mehr fürchten. Diese Freiheit, die uns in unserer Lebensbindung an Christus zuteilwird, ist aber keine »*Gesetz-lose*« Freiheit. Sie ist keine Freiheit *von* Gottes Gesetz. Sie ist vielmehr eine Freiheit *zum* rechten Gebrauch des göttlichen Gesetzes: Gottes Gebote und Weisungen verdeutlichen das Recht und die Gerechtigkeit, die Gott in unserem irdischen Leben von uns erwartet. Als Dank und Folge – und nicht als Bedingung für das Geschenk seiner Liebe und Gnade.

Jesus Christus hat die inneren und die äußeren Augen der Menschen dafür geöffnet, wie menschenfreundlich und lebensdienlich Gottes Gesetz ist: »*Ihr sollt nicht meinen, dass ich gekommen bin, das Gesetz oder die Propheten aufzulösen; ich bin nicht gekommen aufzulösen, sondern zu erfüllen*« (Mt 5,17) – mit diesen Worten widerspricht Jesus allen Versuchen, Gottes Gnade gegen Gottes Gesetz auszuspielen.

Wenn wir »*in Christus Jesus sind*« und »*Christus Jesus in uns ist*«, dann werden Gottes Weisungen für uns zu dem »*Gesetz des Geistes*«. Im Geist befreit uns das Gesetz, Gottes Liebe und Gnade in ein liebevolles, barmherziges und gerechtes Handeln in unserem menschlichen Miteinander umzusetzen. Wenn wir »*in Christus Jesus sind*« und »*Christus Jesus in uns ist*«, dann werden Gottes Weisungen gerade nicht zu einem »*Gesetz der Sünde und des Todes*«, das uns nur immer neu an unser Versagen, unsere Schuld und unsere Gottesferne erinnert. Menschen, die ihr Leben an Jesus Christus binden und dem »*Gesetz des Geistes*« in sich Raum geben, werden frei von Selbstbezogenheit und Todesfurcht.

2. Menschen, in denen Gottes Geist wohnt, sind befreit zur Nächstenliebe und zur Weltverantwortung.

Der Geist von Pfingsten ist der Geist des Lebens. Wohnt er in uns, dann wohnt in uns eine Kraft, die den Tod überwindet, die vom Tod zum Leben führt. Die unsere Kreuzeserfahrungen und unsere Auferstehungshoffnung verbindet. Deshalb ist unser Gottvertrauen ein Vertrauen *über unseren Tod hinaus*. Deshalb befreit es uns von lähmender Todesfurcht und von antriebsloser Resignation. So können Christenmenschen »*fröhlich in Hoffnung, geduldig in Trübsal, beharrlich im Gebet*« (Röm 12,12) auf dieser Erde für Frieden, Gerechtigkeit und die Bewahrung von Gottes Schöpfung eintreten. Trotz aller Todeserfahrungen, die ihnen in diesem Leben nicht erspart bleiben.

Nur das Vertrauen, dass Gottes Macht stärker ist als der Tod und alle Todesmächte dieser Welt, lässt aus unseren Zweifeln keine Verzweiflung werden, aus unserer Schwachheit keine Resignation, aus unserem Versagen keinen Zynismus. Dieser Geist des Lebens macht unser Gottvertrauen zu einer nicht versiegenden Kraftquelle, mit der Christenmenschen in einer *gespaltenen Welt* und in einer *absurden Zeit* ihr Beten immer wieder neu mit dem »Tun des Gerechten« verbinden.

Das öffentliche Wirken unserer Kirche gründet in diesem Gottvertrauen, gespeist durch den Geist von Pfingsten. Gottvertrauen aus dem Lebensgeist von Pfingsten ist also eine vom Tagesgeschehen unabhängige Zuversicht, die auch am Leiden und Scheitern, an Enttäuschungen und an offenen Fragen nicht zerbricht.

Unsere Gesellschaft und unsere Politik brauchen politisch verantwortliche Christenmenschen, die von einer solchen Lebenszuversicht getragen sind. Und die sich vom Geist Gottes auch zu Umkehr und zu neuen Anfängen inspirieren lassen,

· etwa wenn die Regelsätze von Hartz IV oder Armutslöhne auf den Prüfstand gestellt werden,

· etwa wenn große Gewinne (und auch Steuereinnahmen) durch Rüstungsexporte locken,

· etwa wenn die große Zahl von Flüchtlingen an Europas Außengrenzen Angst auslöst und Flüchtlinge durch Zäune und unmenschliche Abwehrmaßnahmen den Tod erleiden.

Gottes Geist leitet Menschen an, sich damit nicht abzufinden und öffentlich für die Wahrung der Menschenwürde einzutreten.

Unsere Gesellschaft und unsere Politik brauchen eine Kirche, die durch ihr öffentliches Wirken staatliche und gesellschaftliche Entscheidungsträger *»an Gottes Reich, Gottes Gebot und Gerechtigkeit erinnert«*,[6] so wie es vor 80 Jahren in der Theologischen Erklärung von Barmen wegweisend formuliert wurde. Der Auftrag der Kirche hat mit dieser Aufgabenbeschreibung eine öffentliche soziale und gesellschaftspolitische Dimension. Und mit der Erinnerung an Gottes Reich, Gottes Gebot und Gottes Gerechtigkeit wird nach dem Zeugnis der Bibel eine eindeutige Tendenz angemahnt: Benachteiligte, Arme, Notleidende und Fremde, also Menschen, die auf Heilung, Integration und Befreiung angewiesen sind, stehen im Zentrum von Gottes Augenmerk und deshalb auch im Zentrum des öffentlichen Wirkens der Kirche.

Wenn Kirche dem Geist Gottes Raum gibt und dem *»Gesetz des Geistes«* folgt, dann steht sie auf der Seite und an der Seite der Benachteiligten und Notleidenden:
· durch diakonische Dienste in unserem Land und weltweit,
· durch Stellungnahmen und Lobbyarbeit bei Parlamenten und Regierungen,
· durch Denkschriften und Orientierungshilfen des Rates der EKD.

Damit das Engagement von Christenmenschen und das öffentliche Wirken von Diakonie und Kirche nicht zu kurzatmigem Aktionismus werden, braucht unser menschlicher

6 Barmer Theologische Erklärung, These 5.

Geist immer wieder die Inspiration des göttlichen Geistes. Inspiration, die unser *Sehen* zu einem *Wahrnehmen* macht. Unser *Hören* zu einem *Verstehen*. Unser *Lesen* und *Wissen* zum Anstoß für *verantwortliches Tun*.

Angesichts der Zerrissenheit und der Krisen in unseren Köpfen und in unserer Welt brauchen wir Gottes Geist, der *»unsere Seele rettet«*. Gottes pfingstlicher Geist lässt uns mit dem Neutestamentler Klaus Haacker beten:

> »hier einer katze übers fell streichen
> bis sie zu schnurren anfängt
> während anderswo
> menschen einander
> metallsplitter ins fleisch jagen –
> wie passt das zusammen?
> wieso und wie lange
> ist für beides raum
> neben einander
> auf dieser einen erde?
>
> Dein reich komme
> dein wille geschehe
> wie im himmel so auf erden
> amen ja
> komm herr jesus« [7]

Amen.

---

7 Klaus Haacker, Grüße an Orpheus. Gedichte, Stuttgart 1986, 26.

»Der Welt Hoffnung predigen«

Pfingstmontag, 9. Juni 2014

Kirchenpräsident Dr. Volker Jung, Darmstadt

Liturg: Prof. Dr. Peter Zimmerling
Musik: Pina Bettina Rücker, Kristallklangschalen,
und Gesine Adler, Sopran

Ihr Männer von Israel, hört diese Worte: Jesus von Nazareth, von Gott unter euch ausgewiesen durch Taten und Wunder und Zeichen, die Gott durch ihn in eurer Mitte getan hat, wie ihr selbst wisst – diesen Mann, der durch Gottes Ratschluss und Vorsehung dahingegeben war, habt ihr durch die Hand der Heiden ans Kreuz geschlagen und umgebracht.

Diesen Jesus hat Gott auferweckt; dessen sind wir alle Zeugen. Da er nun durch die rechte Hand Gottes erhöht ist und empfangen hat den verheißenen heiligen Geist vom Vater, hat er diesen ausgegossen, wie ihr hier seht und hört. So wisse nun das ganze Haus Israel gewiss, dass Gott diesen Jesus, den ihr gekreuzigt habt, zum Herrn und Christus gemacht hat. ...

Als sie aber das hörten, ging's ihnen durchs Herz, und sie sprachen zu Petrus und den andern Aposteln: »Ihr Männer, liebe Brüder, was sollen wir tun?«

Petrus sprach zu ihnen: »Tut Buße, und jeder von euch lasse sich taufen auf den Namen Jesu Christi zur Vergebung eurer Sünden, so werdet ihr empfangen die Gabe des heiligen Geistes. Denn euch und euren Kindern gilt diese Verheißung, und allen, die fern sind, so viele der Herr, unser Gott, herzurufen wird.

(Apg 2,22 – 23.32 – 33.36.39)

Liebe Gemeinde!

Jetzt müssen sie reden. Sie können gar nicht anders. Davon erzählt die Pfingstgeschichte. Ein Brausen vom Himmel fegt wie ein gewaltiger Wind durch das Haus. Feuerzungen erscheinen über ihren Köpfen. Der Heilige Geist erfüllt ihre Herzen und öffnet ihnen den Mund. Sie predigen. Und viele kommen herbei, hören, was sie sagen und verstehen ihre Worte – auch wenn sie eine andere Sprache sprechen. Der Heilige Geist treibt sie an, öffentlich zu reden. Einen kleinen Ausschnitt aus der Predigt des Petrus haben wir gerade gehört. Und mit dieser Predigt und mit dem Pfingstfest sind wir mitten im Thema der Predigtreihe, in der es um den Öffentlichkeitsauftrag der Kirche geht.

Seit dem Pfingstmorgen ist klar: Was die Kirche zu sagen hat, hat sie *öffentlich* zu sagen. Damit fing es an – mit der gewaltigen Predigt des Petrus an Pfingsten. Der Heilige Geist hat sie herausgeholt aus ihrem Haus, in dem sie sich vorher geradezu verkrochen hatten. Nach dem Tod Jesu, nach seiner Auferstehung, nach den Begegnungen mit ihm, nach seiner Himmelfahrt waren sie beieinander. Sie warteten – unsicher, wie es weitergehen würde. Gottes Geist war ihnen verheißen. Aber sie wussten nicht, was dies wirklich bedeutet.

An Pfingsten haben sie es erfahren: Gottes Geist ergreift sie, erfüllt sie und sagt ihnen: Redet, redet von dem, was ihr mit Jesus erfahren habt. Redet, erzählt es aller Welt! Und sie können gar nicht anders: Sie reden. Wir stehen als Kirche in der Tradition jener Männer und Frauen. Deshalb ist es gut danach zu fragen: Wovon haben sie geredet? Was haben sie gepredigt? Das gibt Orientierung dafür, was wir heute zu sagen haben.

1.

In der Apostelgeschichte heißt es, sie haben »von den gro-
ßen Taten Gottes« geredet. Das macht auch Petrus in seiner
Predigt. Und das bedeutet zunächst nichts anderes, als die
Geschichte von den Taten Gottes nachzuerzählen.

Die Geschichte von den Taten Gottes. Das ist Gottes Geschichte mit seinem Volk Israel – von der Verheißung des
Segens für Israel. Das ist die Geschichte von Gottes Liebe zu
seinem Volk – das ist die Geschichte davon, wie Gott sein Volk
nicht fallen lässt – auch als es sich abwendet von ihm. Das ist
die Geschichte davon, dass Gott durch alles hindurch festhält
an der Verheißung, die er Abraham gegeben hat: Ich will dich
segnen, du sollst ein Segen sein. Und es ist für uns Christinnen
und Christen die Geschichte von Jesus von Nazareth, in dem
Gott gezeigt hat, dass seine Liebe allen Menschen gilt. Es ist
die Geschichte davon, wie Jesus Menschen begegnet ist, wie
er von Gottes Liebe und seiner Nähe geredet hat und wie er
diese Liebe gelebt hat – »durch Taten, Wunder und Zeichen«.
Es ist die Geschichte davon, wie Jesus angefeindet wurde, wie
er den Schandtod am Kreuz starb und wie Gott ihn nicht im
Tod belassen hat. Es ist die Geschichte von der Kraft Gottes,
die stärker ist als der Tod – und darin die Geschichte von der
Liebe Gottes, die kein Ende hat. Von den großen Taten Gottes
reden heißt: von der Liebe Gottes reden – von der Liebe Gottes
zu seinen Menschen, von seiner unendlichen Güte und Barmherzigkeit – die uns immer noch trägt und erhält, die nicht
aufgehört hat und alle Morgen neu ist, weil ohne seine Liebe
und Güte alles zu Ende wäre und die Welt ins Nichts zerfiele.

Ja, wer das Evangelium bezeugt, hat zuallererst von der
Liebe Gottes zu reden, von seinen großen Taten – wie es auch
am Pfingstmorgen geschehen ist. Aber weil die Liebe Gottes
nicht irgendetwas Abstraktes ist oder ein himmlisches Gefühl, weil die Liebe Gottes sehr konkret ist – geht es zugleich

um die Menschen. Es geht um die Menschheit und es geht um jeden Einzelnen und jede Einzelne von uns. Es geht um dich und um mich. Wer von den großen Taten Gottes redet, schaut auf das menschliche Leben im Licht dieser Taten Gottes. Und der sieht dabei viel schärfer und klarer, was unter uns geschieht und wie wir uns immer wieder vor dieser Liebe verschließen und ihr so gar nicht entsprechen.

2.

Petrus hat am Pfingstmorgen auch davon geredet: Diesen Mann, ausgewiesen durch Worte und Taten der Liebe, den habt ihr durch die Hand der Heiden ans Kreuz geschlagen und umgebracht.

Man würde dies falsch verstehen – wie es leider in der Geschichte oft verhängnisvoll falsch verstanden wurde – wenn man sagt: Damit sind die Juden angeklagt. Was hier gesagt wird, reicht weit über eine historische Situation hinaus. Was da mit Jesus geschehen ist, ist die Antwort der *Menschheit* auf Gottes Liebe. Das ist unser großes Verhängnis, dass wir auf seine Liebe nicht mit Liebe antworten. Das ist unser großes Verhängnis, unsere große Schuld, dass wir uns seiner Liebe immer wieder entziehen und Gott misstrauen und den Menschen misstrauen. Das ist die Wurzel allen Unrechts und allen Unheils in unserer Welt. Das ist die Wurzel dafür, dass Menschen immer wieder meinen, sich gegeneinander behaupten zu müssen. Das ist die Wurzel von Hass und Gewalt.

Was Jesus damals getroffen hat, trifft jeden Flüchtling, der im Mittelmeer ertrinkt. Was Jesus damals getroffen hat, trifft die armen Bauern in Bangladesch, denen der Klimawandel das Land raubt, weil anderswo Menschen auf ihre Kosten leben. Was Jesus damals getroffen hat, trifft den Mutigen, der in der U-Bahn geschlagen und verprügelt wird, weil er sich einer jugendlichen Schlägerbande in die Quere stellt. Was Jesus damals getroffen hat, trifft die verzweifelten Menschen in den Kriegs- und Krisengebieten dieser Welt und die verzweifelten Menschen in unserer Nachbarschaft. Und wer spürt: Hier geht es um die Menschheit und damit auch um mich, wird fragen wie damals am Pfingstmorgen in Jerusalem: Was sollen wir tun?

3.

Petrus antwortet: »Tut Buße und jeder von euch lasse sich taufen auf den Namen Jesu Christi zur Vergebung der Sünden, so werdet ihr empfangen die Gabe des Heiligen Geistes.«

Und so kommt ein Drittes hinzu: Petrus redet von den großen Taten Gottes und er redet vom Menschen in all seiner Schuld und seinen Verstrickungen und er redet davon, dass es da eine Kraft gibt, die Menschen verändern kann. Eine Kraft, die es Menschen ermöglicht umzukehren, die Menschen befreit von ihrer Schuld – eine Kraft, die Menschen verändert, weil sie Menschen verbindet mit der Liebe Gottes. Und diese Kraft ist Gottes Heiliger Geist.

Das ist die große Botschaft von der Predigt an Pfingsten in Jerusalem: Ihr dürft erwarten, dass Gottes Geist Menschen verändert. Ihr dürft erwarten, dass Gottes Geist Menschen und diese Welt zum Guten verändert. Diesen Geist Gottes gibt es. Dieser Geist Gottes bewegt Menschen. Das seht ihr hier und jetzt – so sagt es Petrus. Und er macht damit deutlich: Was ihr hier erlebt, dass dürfen wir von Gottes Geist erwarten. Da fangen Menschen an öffentlich zu reden, nachdem sie sich vorher verkrochen und versteckt hatten. Da bekommen Menschen Mut, obwohl sie vorher Angst hatten. Da kommen Menschen zusammen und verstehen einander, obwohl sie verschiedene Sprachen sprechen.

Gottes Geist tröstet Menschen, Gottes Geist stärkt Menschen, Gottes Geist schenkt Kraft und Mut. Und wer hier in der Nikolaikirche ist, weiß, dass dies nicht nur an Pfingsten in Jerusalem geschah. Wer in der Apostelgeschichte weiterliest, kann noch mehr darüber lesen, wie Gottes Geist Menschen verändert hat. Bewegt von Gottes Geist blieben sie beieinander – so heißt es – in der Lehre der Apostel, in der Gemeinschaft und im Brotbrechen und im Gebet. Mehr noch: Sie fingen an, miteinander zu teilen, was sie hatten. Und da geht es nicht um eine Ideologie, dass Menschen aus grundsätzlich alles miteinander teilen sollten. Es geht darum, dass Menschen berührt sind im Herzen. Das, was ich bin und habe, das habe ich im Tiefsten nicht aus mir selbst. Und dass sie dann sagen: Ich bin beschenkt und das will ich mit anderen teilen.

Mich hat einmal eine Geschichte sehr berührt. Vor einigen Jahren waren in unserer Kirche Frauen aus unserer Partnerdiözese im Süden Indiens zu Gast. Sie besuchten eine Einrichtung in Gießen, deren Schwerpunkt die Beratung von Frauen in schwierigen Lebenssituationen war. Beiläufig erzählten die Mitarbeiterinnen, dass sie sich immer wieder um die Finanzierung ihrer Arbeit Gedanken machten. Wenige Wochen später erhielten sie Post aus Südindien und nicht nur Post, sondern auch Geld. Es war kein großer Betrag, aber die Frauen schrieben: »Wir haben gehört, dass ihr etwas braucht, deshalb haben wir in unseren Gottesdiensten für euch etwas Geld gesammelt.« Aneinander Anteil nehmen, miteinander teilen – so wirkt Gottes Geist unter uns.

Liebe Gemeinde, wenn Kirche öffentlich redet, wenn Kirche heute in der Tradition der Apostel in Jerusalem öffentlich redet, dann hat sie die großen Taten Gottes zu bezeugen und sie hat das Leben zu betrachten und zu bedenken im Licht der Liebe Gottes. Sie hat zu reden von der Hoffnung, dass Gottes Geist Menschen bewegt und verändert. Dass Gottes Geist Menschen bewegt, auf Gottes Liebe zu vertrauen und seine Liebe weiterzutragen in diese Welt. Sie hat der Welt Hoffnung zu predigen.

Dies kann sie freilich nur tun, indem sie Gott selbst immer wieder bittet, dass er Menschen durch seinen Geist antreibt und stärkt zu reden. Und dass er die Worte erfüllt mit der Kraft seines Heiligen Geistes, so dass es denen, die zuhören, durchs Herz geht.

So bewahre der Frieden Gottes, der höher ist als alle Vernunft, unsere Herzen und Sinne in Jesus Christus.

Amen.

»Einigkeit im Protestantismus – ein Widerspruch in sich«

Trinitatis, 15. Juni 2014

Kirchenpräsident Joachim Liebig, Dessau

Liturg: Dr. Michael Beyer
Musik: Leipziger Universitätschor unter der Leitung von David Timm

Zuletzt, liebe Brüder, freut euch, lasst euch zurechtbringen, lasst euch mahnen, habt einerlei Sinn, haltet Frieden! So wird der Gott der Liebe und des Friedens mit euch sein.
Grüßt euch untereinander mit dem heiligen Kuss. Es grüßen euch alle Heiligen.

(2 Kor 13, 11–12)

Die ökumenischen Gäste stehen wie immer im Mittelpunkt des Interesses zum Auftakt der Synode. Gerade für kirchenferne Reporter reimt sich Foto auf Folklore. Kaum jemand interessiert sich für die Fragen der Gäste oder gar Antworten. Nur Adiaphora an der Grenze der Unhöflichkeit: Wie sie mit dem herbstlichen Wetter zurechtkämen? Ob sie …

· schon einmal in Deutschland waren,
· mit dem Essen usw. zufrieden sind,
· einige Worte Deutsch verstünden.

Der in Leipzig über Joachim Camerarius (1500–1574) promovierte Bischof – Titel der Arbeit: »Georg III. v. Anhalt-Dessau und die Frühaufklärung« – antwortet geduldig und bisweilen mit einem milden Lächeln. Die Synode nimmt ihren Verlauf, wie Synoden eben ihren Verlauf nehmen. Getreulich wird selbst in kirchlichen Agenturen vom Auftakt des Kirchenparlaments gesprochen. Bis am Abend des zweiten Tages *das* Thema aufgerufen wird.

Schon am Nachmittag hatte sich die Pressebank gefüllt. Die Meinungsführer hatten sich mit Stellungnahmen zu Wort gemeldet; zeitweise grenzwertig in Form und Inhalt. Selbst die durchweg kirchenferne Öffentlichkeit zeigte eine Spur von Interesse – Skandale und Streit interessieren eben immer. Das Präsidium und andere Verantwortliche sind unruhig. Schließlich geht es um zentrale Fragen von Schriftverständnis und Ekklesiologie. Die synodale Debatte ist scharf und uferlos. Spät in der Nacht endlich finden die ökumenischen Gäste zur Ruhe – manche Synodale schaffen auch das nicht. Ein Shitstorm zieht auf. Online ist alles sofort gepostet und – wie gewohnt – holzschnittartig eindeutig.

Katerstimmung am nächsten Morgen.

Die Präses liest aus der Herrnhuter Losung: 2. Korinther 13 »Zuletzt, liebe Brüder, freut euch, lasst euch zurechtbringen, lasst euch ermahnen, habt einerlei Sinn, haltet Frieden! So wird der Gott der Liebe und des Friedens mit euch sein. Grüßt euch untereinander mit dem heiligen Kuss. Es grüßen euch alle Heiligen.« In das peinliche Schweigen, das jede Auslegung zunichtemacht, sagt die Präses: »Vater unser im Himmel ...« Gemeinsam gesprochene Worte Jesu sind der Auftakt des Sitzungstages – kein schlechter Start der völlig verfahrenen Situation.

1. Menschen – Kirche – Wort Gottes

Die Schnittmenge davon kann schmerzhaft sein – schmerzhaft klein. Es geht nicht zusammen: das Menschliche und das Göttliche. Zu Menschliches – allzu Menschliches – trifft auf Gott. Darunter leidet Paulus; die Briefe nach Korinth sind ein lebendiges Zeugnis dafür. Stets wiederkehrende Fragen nach dem Weg der Kirche in unserer Zeit sind das moderne Abbild. Diese Kirche, diese Kanzel steht dafür in besonderer Weise.

Menschen – Kirche – Wort Gottes zur Deckung zu bringen. In predigttypischer Verknappung will ich zwei Wege skizzieren. Zunächst einen für die Öffentlichkeit im Augenblick populären. Er hat einen Namen: Papst Franziskus. Franziskus hadert mit seinem Dienstwagen, so eine kurze Notiz in der Mitteldeutschen Zeitung von diesem Wochenende auf der Seite »Meinungen und Hintergrund«. Wenn er sich »in einer Sardinenbüchse« befinde, könne er »die Menschen nicht begrüßen und ihnen sagen, dass ich sie liebe«. Was für ein Satz! Ich denke, ehrlich gemeint. Aber: welch ein Marketing! Selbst der kirchenfernste Heide der weltweit glaubensfernsten Region in Mitteldeutschland bekommt – kombiniert mit dem Bild eines gütigen älteren Herrn – eine Ahnung: so fällt Menschsein, Kirche und Wort Gottes in eins. Vielleicht im Tiefsten wurzelnd in meiner lutherischen Ordination spüre ich dabei ein wenig Neid – lassen Sie mich das ganz offen unter uns bekennen.

Unser evangelischer Versuch dagegen ist ... sperriger. Er wurzelt in der Confessio Augustana, Artikel 1 Ecclesia magno consensu apud nos docent. Erstlich wird einträglich gelehrt und gehalten. Anstelle von Papst Franziskus haben wir den Magnus Consensus. Ein Wahrheitskriterium, in dem Menschliches, Kirchliches und Göttliches zusammenfällt –

kongruent wird. Zur Vollständigkeit – auch die römisch-katholischen Geschwister kennen das Motiv.

Zweifellos hat der Magnus Consensus als Motiv seinen Auftakt im Apostelkonzil (Apg 15). Vinzenz von Lerinum definiert gültige Tradition im Konsens nur mit der Lehre der Väter. Der Konsens stellt als Kriterium der Wahrheit Übereinstimmung und Kontinuität zur Geschichte her. Es muss überall gelten. Gegenwart und Vergangenheit, Lokalität und Universalität müssen konsensual zusammengeführt werden – Kriterien der Wahrheitsfindung.

Die demokratische Feststellung des Volonté générale ist, im 19. Jahrhundert beginnend, eine Variante des Magnus Consensus. Nebeneinander steht beides und doch miteinander verknüpft; darin gründet die falsche Rede von der Synode als Kirchenparlament. Zwar entscheiden Synoden mehrheitlich – ihr Anspruch reicht aber über das Mehrheitsprinzip hinaus. Eine Entscheidung im Heiligen Geist zu gewinnen, ist die Blickrichtung des Magnus Consensus. Das ist nicht herstellbar, nicht zu operationalisieren, sondern bereits Wirkung des Geistes Gottes. Mehrheitsmeinungen müssen davon unterschieden werden. Damit erschließt sich die Quelle für das Bild des Protestantismus:

Gremien und Reden

Reden und Gremien

Argumentieren

Wiederlegen

Disputieren

Das ist nicht heilsrelevant, aber das Instrumentarium der Wahrheitsfindung, die dann doch stets Geschenk bleibt.

Und dann gibt es noch die Wahrheit, die einem sehr individuellen Konsens des Einzelnen mit Gott entspringt. Luthers Wahrheitsfindung zur Rechtfertigung war nicht Ergebnis synodaler Beratungen. Erst durch Barmen entstehen nach 1934 Räume, in denen die Suche nach der Wahrheit Asyl findet. Am Ende bleibt allein die Schrift – das Evangelium von Jesus Christus – *das* Kriterium, an dem sich alle Wahrheitsfindung messen muss. Unter Bitten um den Heiligen Geist darum zu streiten, ist nicht Ausdruck von Uneinigkeit, sondern gerade das Gegenteil.

2. Ihr Evangelischen redet zu viel ...

Mein Bild von Kirche in profaner Umgebung ist nicht geprägt von Schweigsamkeit. Mit schwachen Kräften zwar, aber deutlich zu hören, definiert Kirche ihren Weg. Fragt beständig nach Auslegung des Evangeliums und antwortet darauf im öffentlichen Wort und der Tat für den Nächsten. Selbst Uneinigkeit, die es hier und dort gibt – ich denke an die Familienschrift der EKD –, ändert nichts an der zwingenden Notwendigkeit zum Diskurs. Der als Vorwurf gemeinte Satz: »Ihr Evangelischen redet zu viel« ist mir ein Lob. Der gemeinschaftlich gefundene Konsensus erscheint mir der wahre Beitrag des Protestantismus zum Weltkulturerbe zu sein. Wie sonst wären die Probleme der Welt wohl zu lösen?

Zugleich fürchte ich mich vor den populistischen Scheingefechten der Öffentlichkeit. Die Talkshow ist Unterhaltung – wenn überhaupt. Sie ist kein Diskurs. Öffentlichkeitswirksamkeit ist kein Kriterium der Wahrheitsfindung. Aber damit können Wahlen entschieden werden. Mir graut vor den leichtfertigen Mechanikern der öffentlichen Meinung. Virtuell-anonyme Kommentare sind kein Diskursbeitrag, sondern pathologische Wutdiarrhö – schwer zu therapieren, nur zu ignorieren; keinesfalls in irgendeiner Weise bedeutsam.

Wir üben den Diskurs seit Jahrhunderten, scheitern damit auch; kommen damit zu Entscheidungen, prüfen diese kritisch und wissen im Heiligen Geist um alle Vorläufigkeit.

Einigkeit ist dabei bereits ein Ergebnis, keine Voraussetzung. Damit ist eine diskursive Grundhaltung beschrieben, die allen Machtworten gegenübersteht. Das mag mühsam sein, einen anderen Weg der Wahrheitsfindung kenne ich nicht.

Die Synode endet mit einem Mehrheitsbeschluss. Alle sind unzufrieden. Die ökumenischen Gäste sind verwirrt. Die öffentliche Resonanz ist ... schwierig.

In ihren Kreissynoden müssen die Synodalen erklären. Dazu gehören auch die Argumente der Gegenseite. Die Diskussion in den Kreissynoden bildet die der Landessynode ab. Die Kirchenvorstände werden befragt. Lange Sitzungen und Diskussionen folgen. Eine Kirche kommt miteinander ins Gespräch, disputiert, streitet, wägt ab. Der Kaffee nach dem Gottesdienst wird kalt über dem Austausch der Argumente. So soll Kirche sein – das ist ihre Aufgabe für eine demokratische Gesellschaft. Die Wahrheit will gefunden werden.

Und wir? Hier und jetzt?

Mit allem Diskurs und jenseits allen Diskurses finden *wir* sie in Brot und Wein – *gleich!*

Amen.